4·5·6歳

小学校の勉強が
スイスイできる子になる

おうちゆるモンテッソーリの
あそびと言葉がけ

モンテッソーリ・ホームレッスン代表
菅原陵子

実務教育出版

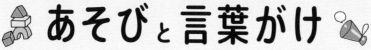

勉強がスイスイできる子。

そう聞いて、あなたはどんなことを思い浮かべますか？

たとえば、
そんな子は、才能があるんだろうな。
親御さんはきっと、とっても教育熱心な人……でしょうか？

それとも、
自分も頑張って、何かしなくちゃ！　でしょうか？
うちはもう手遅れだ……と思う方もいるかもしれません。

でも、違うんです。

子育ての面白いところは、

子どもとの暮らしをちょっと変えるだけで、
すぐに変化が起きるということ。

そして、いつから始めたって、
子どもが伸びる可能性は無限大に広がっています。

この本をお読みいただくことで、
お子さんと、いつからだってできる、
ふだんの暮らしで遊びながらぐーんと伸びる
「おうちゆるモンテッソーリ」のコツがわかります。

長く使える本なので、
ぱらっとめくって、その日気になったところだけ
実際にやってみる。そんな使い方をしてみてください。

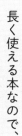

はじめに
——いつもの毎日で、スイスイ勉強ができる子になる おうち〝ゆる〟モンテッソーリ、始めてみませんか？

本書を手に取っていただき、ありがとうございます。
モンテッソーリ・ホームレッスン代表の菅原陵子です。

私の1冊めの本『世界一やさしい おうちゆるモンテッソーリ』では、シンプルで、だれにでもできるおうちモンテッソーリをご紹介しました。さまざまな新聞や雑誌でご紹介いただくとともに、「初めてモンテッソーリがわかった」という声もたくさんいただきました。

2冊めのこの本は、そこから少し踏み込んで、子どもが「勉強がスイスイできるように育つ」、いわゆる子どもの〝賢さ〟を育てる方法がわかる本です。

普通の暮らしの中で、できることだけを実践することで、
「子どもに何かを教えなくちゃ！」
「たくさんの習いごとをさせなくちゃ！」

といった、子どもにできるだけたくさん何かさせないと、という焦りや不安からの子育てが、

「うちの子のいいところが見つかって、子どもを育てるのが楽しくなった」

「親子の会話が増えて、子どもの成長も感じられて、嬉しいことが増えた」

という子育てに変わっていきます。

すると、どうなるか？　わが子が「勉強がスイスイできる子」になります。

何が「スイスイ」できるようになるのか？　たとえば、こんなこと。

- **自分の知りたいこと、夢中になることが見つかる**
- **いつ、どんな場面でも自分で考える力がつく**
- **勉強しなさい！　と言わなくても机に向かう**
- **学校の授業の理解が早くなる**
- **人とのコミュニケーションがスムーズで、相手に配慮できる**

チャンスは、子どもが生まれた0歳から10歳まで。学校の年齢にとらわれることなく、ご家庭でできることから始めてみてください。

小学校入学前から伸ばしていきたい、４つの力

子どもたちは、もともといろいろな才能を持って生まれてきます。

親御さんの多くは、「その子が持っている才能」と言われると「大人が掘り出したり、見つけて伸ばさないと」と思いがちです。でも、長く幼児教育に携わっている私からすると、それは少し違うように思います。

「子どもを伸ばす」というのは、どこに埋もれているかわからないお宝を探し出すというよりは、広い畑を耕して、ふかふかな土壌を作っていくイメージ。そしてそれは大人だけが頑張るのではなく、子どもと一緒に作っていくことができるものです。

この本では特に、算数、国語、論理的思考、そして芸術的センスに着目。小学校入学までに、この４つの能力を伸ばす方法をご紹介します。

・**算数のセンスを伸ばす**＝計算ではなく、「算数的思考」ができるようになる

・**国語のセンスを伸ばす**＝読み書きではなく、ものごとについて自分で考え、理解し、自分の言葉で伝えることができるようになる

・**芸術的センスと論理的思考がある子になる**＝ものごとの見方と表現方法を理解できるようになる

なんだかむずかしそうに聞こえるかもしれませんが、どれも子どもが生まれながらに持っている力です。

この本を手に取ったあなたがすることは、ただ一つ。「本を読んで気になったところを実践する」ことだけです。それだけでお子さんの能力を、ご家庭で最大限に伸ばしていくことができるようになります。

いつもの、普通の暮らしの中でできること

私は、2007年にモンテッソーリ教育を学んで以来、「子どもが10歳まで、おうちでできる」モンテッソーリ教育の先生として、たくさんの親子と歩んできました。

モンテッソーリを学び、実践して思ったことは、「モンテッソーリは子育て全般に使えるとても便利なツール」だということ。モンテッソーリのエッセンスは、育児そのものに加え、受験や料理、お金の考え方、夫婦関係など、子育てにまつわるさまざまなことに応用できます。

気がつくと、私がサポートしたご家庭は2万組を超え、お母さまだけでなく、ご夫婦でのお付き合いが長いご家庭もたくさん生まれています。お母さま方から、「夫も、『りょう子先生に聞いてみたら？』と言うんですよ」と言われることが増えました。それはひとえに、モンテッソーリのメソッドをロジカルに、だれでもできるこ

とにしてお伝えしているからだと考えています。

私は、「何歳に何を」とか「こういうときには何を」といった、果てしなくパターンが増えていくような教育論は掲げていません。また、「愛情を持って子どもと接し、信頼する」といった、あいまいな言葉で親のメンタルに訴えて不安にさせることも言いません。「具体的に何をするとそうなるのか」を伝えるように心がけています。

子育てで大切なのは「いま、子どもと自分に何が起きているのか」「子どもがしたいことは何か」を見つける。そしてそこに、シンプルで本質的な考え方を当てはめてみること。たったそれだけですが、効果は絶大です。

私は、小学校受験のお子さんを教えるとき、90分のレッスンのうち80分は具体物を使ってお話することに費します。プリントをするのは10分だけ。それで合格率は100%です。

この本は、その具体的にすることのおうち版。「なぜそうするのか」の説明を含め、ふだんの暮らしの中でできることばかりです。やってみると「なるほど！」と思えることを、ぎゅっと詰め込みました。思いついたときに、できることをちょっとだけ、やってみてくださいね。

菅原陵子

この本の登場キャラクター

弟と仲良しのネコ

マイペースで
のんびりさんの弟

好奇心いっぱいの
お姉ちゃん

おだやかで
まっすぐなママ

ちょっと天然で
努力家のパパ

「おうちゆるモンテッソーリ」の世界にようこそ！
１冊めの本を読んでくれた人は、おかえりなさい！

第０章から第１章では、モンテッソーリ教育と子どもの知性の育ち、
いま求められている新しい学力についてのお話。

第２章から第５章では、
算数、国語、芸術的センスと論理的思考力について、
子どもを伸ばす親のかかわり方を
イラストでわかりやすく紹介しているよ。

モンテちゃん

準備はOK？ では、おうちゆるモンテの旅にしゅっぱーつ！

目次

第1章　いまの時代に必要な力とモンテッソーリ教育

第2章　算数ができる子になる親のかかわり方

第3章　国語ができる子になる親のかかわり方

第4章　芸術的センスと論理的思考力がある子になる親のかかわり方

第5章　日々の暮らしでムリなく伸ばせる学力と非認知能力

賢く、いい子に育ってほしい。

子どものいる方みんなの願いだと思います。

でも、どうすればそう育つの？ というとき、たいていの方は、たくさん遊ばせて伸ばす「のびのび派」と、この先の勉強に役立ちそうな知育に力を入れる「知育派」のどちらかに分かれます。

でも、0～10歳までは、どちらで育ててもあまり変わりはありません。

子どもの”知性の伸びしろ”をぐーんと伸ばすには、ちょっとした「ステップ（マジックボックス）」が必要。モンテッソーリ教育は、その方法を教えてくれます。

この章ではまず、「子どものアタマとココロがぐーんと伸びるモンテッソーリ教育のエッセンス」をご紹介していきます。

第0章

大人とはぜんぜん違う！ 10歳までの 知性の育ち方

のびのび派も、知育派も、結局みんな悩むんです

賢くいい子に育ってほしい――。
それは子どもを育てるすべての方の、共通の願いだと思います。

でも、賢く育てるにはどうしたらいいの？

そう聞いて、教えてくれる人はあまりいません。その答えが知りたくて、あちこちで情報を探し求めては何冊も本を読んだり、子どもに習いごとをたくさんさせている方にもよくお会いします。

子どもにたくさんの習いごとをさせたり、詰めこむような学びはダメだ、と何もしない方もいれば、やらないのが気になってあれこれする方もいる。そうして、次のどちらかに落ち着きます。


のびのび派……「幼児期はやっぱり、子どもらしくのびのびと育てたい」

知育派……「頭が柔軟な幼児期にこそ、勉強の役に立ちそうなことに力を入れたい」

のびのびさせるか、しっかり知育をするか――。

あなたはどちら派でしょう？

安心してください。**どちらを選んでも、ほとんどの方がどこかのタイミングで悩みます。**

たとえば、小学校入学が近づくにつれて「のびのびと育ててきたけれど、勉強がぜんぜんできないのは困るしなぁ～」と、文字が書けないわが子を見て心配になったり、知育を頑張ってきたけれど、おもちゃを貸してあげないなど、友だちと仲良く遊べない姿を見ると、「ああ、私、育て方を間違えてしまったかも……」とモヤモヤしたり。

結局、どこかで心が揺れるんです。

のびのびさせる？　知育を頑張る？　多くの親御さんたちは、この二択で悩むのですが、結局どちらを選んでも迷うなら、ここに悩む時間をかける

そもそもどっちかに絞るのは無理!!
のびのびだよ!!
でも勉強も必要だな…
賢くないと!
でも性格が悪いとなァ…
勉強

のはちょっともったいない。そして、それは実際、ムダなお悩みです。

ドキッとするかもしれませんが、**じつは「10歳まで」は、遊びに力を入れても、知育に力を入れても、子どもの「本当の賢さ」にあまり違いは生まれません。遊びだけでも、知育だけでも、子どもが確実に賢く育つことはない**のです。

代わりに、ご家庭の中でちょっとしたことを加えるだけで、子どもが確実に賢くなっていく暮らし方があります。

10歳までの知性の育ちには大事な「何か」がある

10歳までに本当の賢さを育てるヒケツは、**「子どもにとって大事な箱」**を育てること。何を入れるかで子どもの未来が変わる「マジックボックス」みたいなものです。

この箱は大人には見えにくいし、わかりにくい。理解するにも手間のかかる箱です。ただ、その手間を惜しむと、のびのび遊ばせても、知育に時間をかけても、いつかどこかで伸び悩む。**逆に、ちょっとしたひと手間をかけることで、どんな子も賢く、そして「その子らしく」伸びていきます。**

だから「マジックボックス」。子どもがぐんぐん伸びる面白い箱だからこそ、親子で大事に育てていってほしいと思います。

私自身もそうですが、いま子育て中の親御さんたちの多くは、「学力勝負」の時代を生きてきた人たちです。早く正しい答えを出せることが「頭の良さ」だと言われて育っています。だから、子育てにも正解がほしくなったり、効率よく育てたいと思ってしまいがち。ここに、育児の悩みが生まれます。

そもそも子育ては、「何をしたらどうなる」といった単純な公式に当てはめることができないもの。正解もありません。だから、たいていの方が子育てをすると「もやっ」とします。でも、**子育てでは、このもやっとした時間こそが大切**なのです。**正解を求めて頑張るかわりに、本質的な知識とちょっとした実践のコツを知ること**で、親も子どもも気持ちにゆとりが持てるようになります。

本質的な知識というとむずかしく聞こえるかもしれませんが、要は「これだけ」というシンプルな考え方と、それを実践する習慣づけ。それだけで、子育てに迷わなくなります。

この本でお伝えする「おうちゆるモンテッソーリ」は、「道具」ではなくその「考え方」と実践の方法です。

モンテッソーリって、どんな教育？

モンテッソーリ教育はいまから100年以上前、イタリアの女性精神科医マリア・モンテッソーリさんが始めた教育法です。

マリアさんは当時の「子どもは何もできない存在」という世の中の考えに対し、**「子どもは、自分で成長できる力がある。もし子どもが何かをできないとき、それは能力がないのではなく、ただやり方を知らないだけだ」**と考え、独自の教育法を打ち立てました。そして、ローマに「子どもの家」という子どものための施設を作ります。

子どもの家では、必要なものを子どもが扱いやすい大きさにしてそろえるなど、そのときの子どものできることに見合った環境を整え、子どもにわかるように、大人が「やり方」を伝える。たったそれだけで子どもの発達がスムーズになることを、独自のメソッドで証明しました。

この斬新な教育法は、瞬く間にヨーロッパ、アメリカへと広がっていきました。近年、アマゾンの創業者ジェフ・ベゾスやグーグルの創業者の一人セルゲイ・ブリン、フェイスブックの創業者マーク・ザッカーバーグなどがこの教育を受けていたことから、「21世紀の創業的事業はモンテッソーリ教育が作った」と言われることもあります。

モンテッソーリ教育が日本に入ってきたのは1960年代で、60年以上の歴史がありますが、将棋の藤井聡太名人が幼児期にこの教育を受けていたことで、この数年の間に広く知られるようになりました。

日本では、モンテッソーリ教育はおもに幼児教育として知られていますが、じつは海外では大学までカリキュラムがあります。単に知識を身につける学びとは違い、さまざまな実践的な学習の中で考えをめぐらせる、何をするかを自分で選んで決めるなど、「毎日が自由研究」のようなカリキュラムが特徴です。

子どもは、自分で自分を成長させることができる

モンテッソーリ教育がすぐれているのは、「子どもが自ら育つ力」を伸ばすこと。「〇歳だから何をする」と年齢や月齢で見るのではなく、「子どもはそれぞれ『自分のタイミング』で成長する。だから、子どもにかかわる大人は『子どもがいま、やりたいと思っていること』に対し、必要なときに必要とされることだけ手助けする存在」と考えます。

マリアさんは、施設で子どもたちを注意深く観察するうち、あることに気がつきました。それは、**「子どもは、自分がやりたいことをしているときだけ何度もくり返し同じことを集中して行う」ということ。**

とくに幼児期の子どもはいろんな動作・活動を満足するまでくり返しやっていくことで何かを理解し、できるようになります。

くり返し活動する中で集中し、落ち着き、心が満たされる。そして、できるようになった経験が自信につながり、「もっとむずかしいことにもチャレンジしてみよう」「新しいこともやってみたい」という気持ちを芽生えさせる。モンテッソーリ教育には、そのサイクルを生みだすしくみがあるのです。

これが本来、子どもが学び、自分の世界を広げていく姿です。与えられたことではなく、そのときの自分に必要なことを自分で決めることで、自分で育つ力を発揮していくのです。

この子どもの成長メカニズムに気づいたマリアさんは、子どもが何度でもくり返し同じことができるように、「教具」と呼ばれる道具を作りました。とくに幼児期のモンテッソーリ教育では、子どもの興味と発達を「敏感期」と名づけ、運動・感覚・言語・数・文化の5つの分野に分けました。それぞれの分野にたくさんの教具があります。

この教具の面白いところは、一つの教具が子どもの次の成長につながっていくこと。**カンタンなものから複雑なものへと、スモールステップを踏みながら発展して**

いきます。

そして年齢が低い子であるほど、子どもの成長は「体の発達＝動きの獲得」に重きが置かれているため、子どもが「いまやりたいこと」を思う存分体を使って身につけるようにできています。

「教具」というツールを使うことで体を動かし、**五感を使いながらゆっくり着実に「本当の賢さ」を育んでいくのです。**

正しくやることが大事なのではない

しかし、この教具があるがゆえに、みなさんが勘違いしやすいのもモンテッソーリ教育の特徴です。

近年、モンテッソーリ教育への関心の高まりとともに、「教具」や「集中」といったモンテッソーリ教育の印象的な言葉だけに反応して「モンテッソーリとはこうあるべき！」と、型にはめ込もうとする方がたくさんいます。

マリアさんが気づいた
子どもの育ち
大人のあり方
いま、これがやりたい
同じこと何度でもやりたい
成長を助ける道具を与える
どこでつまづいてるのかな
何に興味があって

そういう方たちは、まるで「○○するザマス」と、『ドラえもん』に出てくるスネ夫のお母さんのように、子どもに何かをさせようとしがちです。

もしあなたも、「モンテッソーリ教育といえば教具。教具を使えばいい子に育つ」、そう思って正しい教具の使い方にこだわりすぎたり、「ちゃんと集中しなさい！」などと子どもに注意していたら要注意！「子どもの自主性が教育の始まり」というモンテッソーリ教育の考えから見ると、ちょっと残念なかかわり方です。

ここで大事なのは、「正しさ」ではありません。マリアさんが着目したのは、「子どもには成長のステップがある」ということ。

そして、このステップを大人が知ると、できる・できない」とジャッジする目線から「この子はいま、何をしているのだろう？」「いま、何が起きているのかな？」と、目の前にいる子どもを

道具があると、
正しい型をやり切ることに
目が向いてしまいがち。
注意！
なんかヤダ…
ちゃんとやりなさい！
集中しなさい!!
それ間違えないで!!

しっかり「観る」視点へ変わっていきます。すると、子どもがいま何に興味を持ち、どこでつまずいているのかがわかるようになります。

とくに私が伝えている「おうちモンテッソーリ」では、この「子どもの成長のステップ」と「大人のかかわり」が大切。決まりごとが多そうに感じるモンテッソーリ教育ですが、**本当に大事なことはこの2つだけ！です。**

私が主宰するモンテッソーリの講座を受けた方の中には「ほかのモンテッソーリの教室で合わなかった子が伸びた」「遊んでいるように暮らしてお受験もラクラク合格できた」という方たちがたくさんいます。この本では、そのノウハウをぎゅっと凝縮してお伝えしていきます。

モンテッソーリ教育を上手に取り入れた子育てをするためには、まず「10歳まで」の子どもの育ち方を知ることが大切です。

つまづいてないかな
何をしようとしているのかな
どこに集中しているのかな
どこでつまづいているか
＝何にチャレンジしているか
イイネ！

まずは10歳までの知性の育ち方を知ろう

いちばんのベースになるのは、「3歳まで」と「3歳から」。

幼児期の子どもの成長を大きく次の2つに分けて考えます。

【0〜3歳】自分の体を自由に動かせるようになるためのトレーニング期間。体を動かすことで五感を使い、いろいろなことを感じていく時期。

【3〜6歳】体を動かし、五感で感じたことを「言語」「数」「文化」などの知性につなげ、自分のまわりの世界を少しずつ広げていく時期。この本では、10歳までこの特性が続くと考えます。

「0〜3歳まで」というのは、たとえば、寝返りすらできなかった赤ちゃんが自分でごはんを食べ、トイレに行けるようになる時期。自分の体を思い通りに動かせるようになるために、体を動かすためのトレーニングをしている時期とも言えます。

そのために、子どもたちは日々の筋トレを頑張ります。体を自在に動かせるからこそ、「自分で自分を満たす」ことができるようになります。

ここで**大事なのは、「一人でトイレに行けるかどうか」の「できる・できない」ではなく、「自分の体を自在に動かすことができるようになった」という「成長」です。**

そして、体を動かすということは「五感を使う」ということ。「見て」「聞いて」「触って」「かいで」「味わって」、子どもは自分のまわりの世界を知っていきます。

0～3歳までは、そんなふうに体を使い、五感で感じたことを「自分にとって大事な箱」の中にどんどんため込んでいきます。

3歳までと、3歳から。2つの段階とその違い

3歳ごろになって自分の体が自由に動かせるようになると、子どもは「体の動きを洗練させていく」という次のステップへ進んでいきます。同時に、それまでため込んできた五感で感じ、そこから得たりしたことの整理や分類、そしてそこからの興味の広がりに力を注ぐようになります。

それらはモンテッソーリ教育の「言語」「算数」「文化教育」と呼ばれる敏感期の活動（一般的には「知育」と呼ばれるもの）につながっていきます。

たとえば、ハサミを使う活動は、最初はハサミをにぎることから始まり、まっすぐ切ったり、丸く切ったり、ジグザグに切ったりと、だんだん自由自在に切れるようになるのが3歳くらいまで。

そして、だんだんと「この折り紙を4つに折って切る。広げてみたら、どんな形になるだろう?」「こんな形かな? それとも……?」などと考えながら切れるようになります。

細やかに切ることができるようになるのは、体の動きが洗練されていくため。そして「これは……?」と不思議に思うようになるのは、経験したことが知性としてつながっていくから。体の動きと知性は同時に育っていきます。

体の動きの獲得と知性の発達、この2つをまとめて**「子どもは体を使って大きくなる」**と言うことができます。

まず、体を使って五感で「体感」する。その経験が十分にあって初めて、子どもはより知的な活動に進んでいけるようになります。

モンテッソーリ教育では6歳までという分け方をしていますが、こういう時期は個人差があり、およそ10歳くらいまで続いていきます。

幼稚園では、小学校では……などと年齢で分けたくなりますが、ご家庭で子どもの育ちを見るなら、3歳までと3歳から。そして、親御さんのサポートが効果を発揮しやすいのは10歳まで。

親子だからこそ学齢期や6歳までになどの情報に惑わされず、ロングスパンでとらえることで、よりスムーズにかかわっていくことが可能になります。

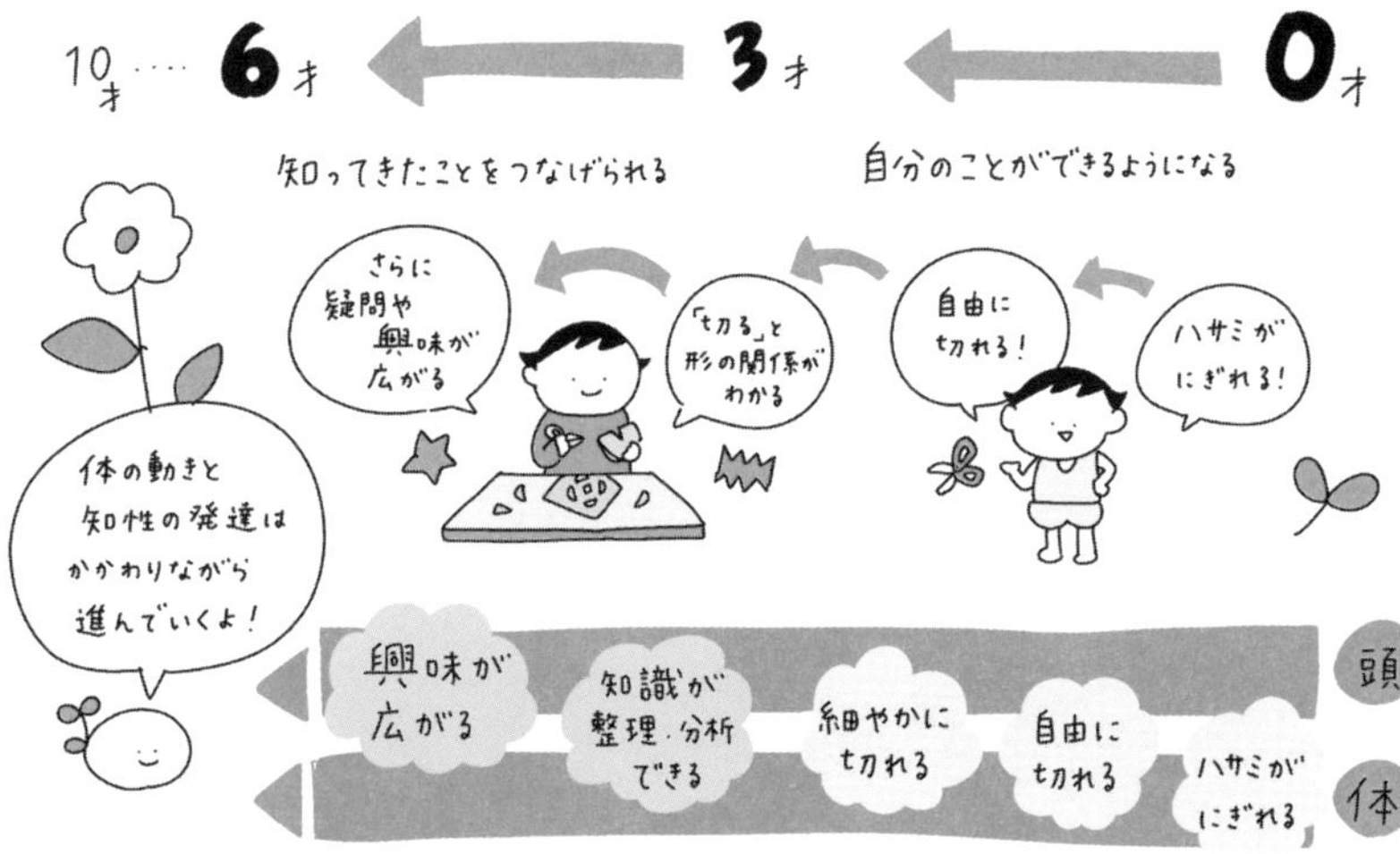

10歳まで、子どもは体で覚えていく

もう一つ、子どもの成長について知っておいてほしいことがあります。

よく育児書などに「10歳までの子どもの育て方が大事」と書かれていますが、なぜ「10歳まで」なのかということ。

この10歳という成長の節目は意外と大きく、**10歳までの育ち方が、10歳以降の育ちに大きく影響**してきます。

どんな違いがあるかというと、10歳までは体で感じて話したことを、知識になるベースとして吸収していく時期。自分の世界を広げ、ものの見方や考え方を知っていきます。だから、「体をたくさん動かすこと＝体験」がとても大事になります。

そして、10歳ごろから脳の使い方が少しずつ変わっていき、体ではなく、「言葉」を使ってものを考えていくようになります。いわゆる「言葉で言葉を考える」ようになっていく時期です。

抽象的な概念を使って考えたり、会話できるようになる。ベースになるのが、10

歳までに体を使って感じ、考え、話してきたこと、つまり「体で覚えてきたこと」なのです。

子どもにかかわれる時間は、案外短い

10歳ごろになるともう一つ、それまでとは変わることがあります。

それは、「親といるより、友だちといる時間の方が楽しくなる」ということ。親に甘えなくなるということではなく、外の世界に「一人の人として」出かけていくようになる、そんな変化を迎えます。

「10歳なんてまだまだ子ども。自分がいないと何もできないはず」と親御さんは思いがち。ですが、**子どもの心と体は10歳ですでに自立に向かい始めています。本来、そこで親御さんも子どもから自立＝手を離していく時期なのです。**

生まれて間もないころはお母さんの気配が消えるだけで泣いていた子も、離乳期、イヤイヤ期、幼児期と成長していくにつれて、だんだんと自立していく。

親が子どもにかかわれる時間は、じつは思っているほど長くはないのです。

いま小さなお子さんを育てているまっ最中の方は、子どものイヤイヤに悩まされたり、子ども中心の生活で自分の自由な時間が持てないと、モヤモヤしているかも

しれません。でも、そんな時期はあっという間に過ぎていきます。

そして、一つだけ頭に入れておいてほしいのが、**「10歳までの育ちがその子の体と知性を育む大切な時期」**だということ。

子どもの成長を一本の木として考えるとイメージしやすいのですが、10歳までに体を使って感じたことや、誰かの話を聞いたこと、自分で言葉にしてきたことは、子どもの根っこを育てます。しっかりした根があるからこそ、子どもは大きな「木」へと成長できるのです。

根っことは「何ができる」ではなく、**その子独自のものの見方や世界の見方**の豊かさのこと。それは知識を広げたり、思考を深めていくといった**「地頭のよさ」の本質です。そしてそれは、家での暮らしの中でゆっくりと育まれるものです。**

誕生
離乳
イヤイヤ期
園児・小学生
10歳の壁
反抗期
成人
入るな
親の関与度
←ベースをつくる大切な時期→
親がかかわれる時間は、じつは少ない

「できる・できない」のジャッジをしない

ところが、どうでしょう。多くの親御さんは「〇歳まで」というキーワードにソワソワ。「6歳までにあれができないといけない」「10歳までにこれをやっておくといい」といった情報を見ては、わが子の「できる・できない」をチェックし、目につく足りないことを何とかしようとします。

また、「早いうちから〇〇させればあとで苦労しないだろう」と、学校で学ぶことをカンタンに、早く学ばせようとしたりします。

それは一見、木の根っこを育てるような地道な教育や暮らしよりも効率的で、ののち苦労しないように見えます。でも**実際のところは、10歳までは何ができても、できなくても、それほど重要ではないのです。**

でも、10歳までは目の前にいる子どもを見ながら「ああ、いまこの子の『根っこ』を育てているんだなぁ〜」と思って暮らしていくことが大事。

具体的な親のかかわり方はのちの章でくわしくお話ししますが、この本でご紹介することを気長に少しずつ続けていくことで、子どもの太くて強い根っこが作られます。それはいずれ「その子が、その子らしく、望む木の実を実らせる」ための一生モノのベースになっていきます。

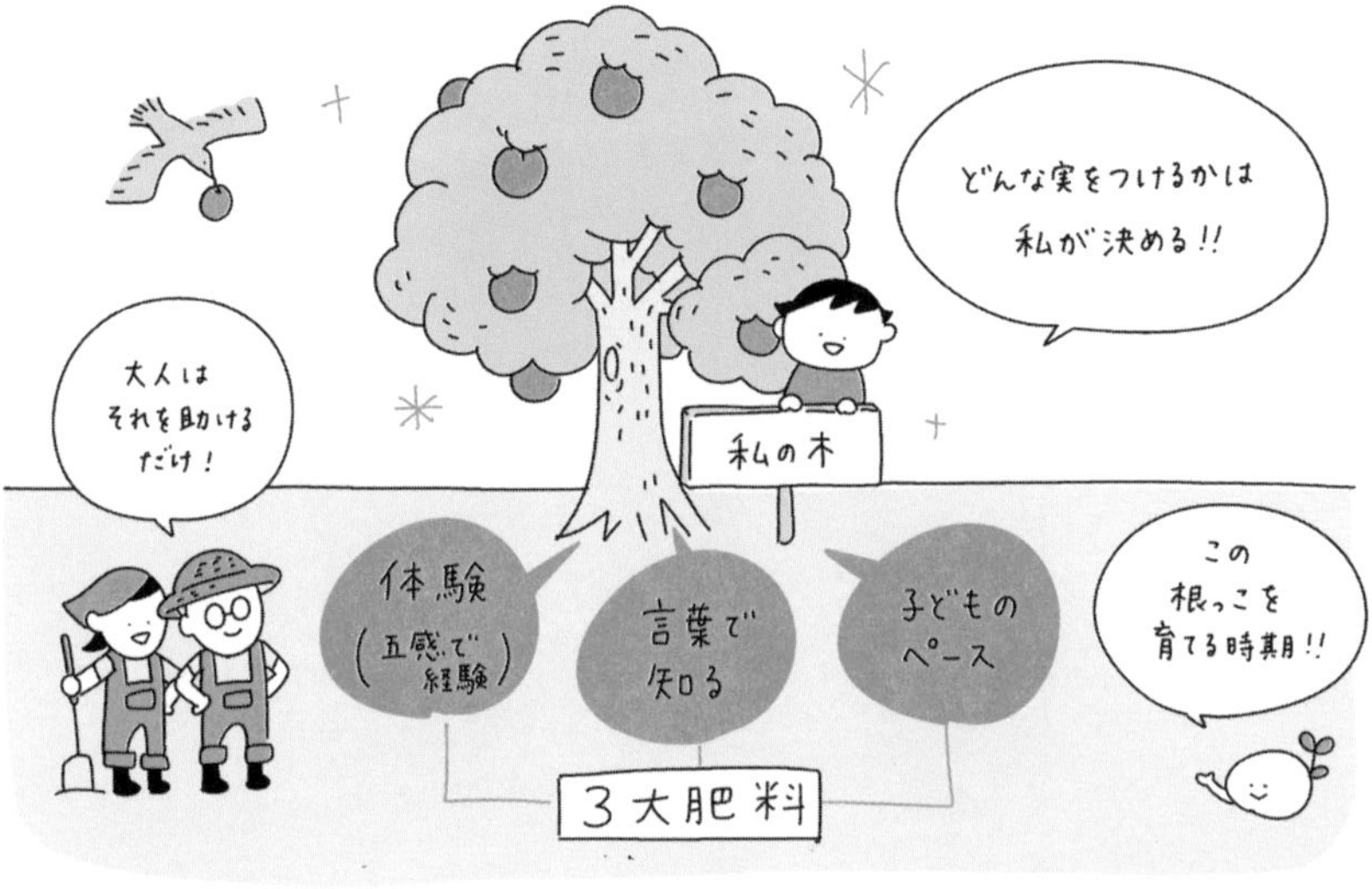
どんな実をつけるかは
私が決める!!
大人は
それを助ける
だけ!
私の木
体験
(五感で
経験)
言葉で
知る
子どもの
ペース
この
根っこを
育てる時期!!
3大肥料

子どもに何か教えたいときはこれだけでOK！ 3つのポイント

「こんなことをすればいい」を細かくご紹介する前に、もっともシンプルで効果的なおうちモンテッソーリのかかわり方について、3つのポイントをご紹介します。

いちばん大事なのは、「0〜10歳までの子どもは、体で覚えていく人」だということ。だから**子どもに何かを教えたいときは、体を使って教える。そのためのコツがあります。**そしてこれは、たとえばお受験のような**「むずかしそうなこと」を教えるときも、この3つしか必要ないくらい「最強のコツ」です。**

① 具体物（もの）を使って教える
② 簡単なことから始める
③ 一度に1つのことだけを教える

この考え方は、モンテッソーリ教育の教具で大切にされていることです。**そのと**

き興味のある1つのことだけを、体を使ってできるようにする。するとムリなく、ムダなく子どものやる気を削ぐことなく、子どもとかかわり伸ばすことができます。そしてだんだん「あれもこれも教えなくちゃ」と混乱することも減っていきます。

①具体物（モノ）を使って教える

こう言うと、おもちゃや教材を思い浮かべるかもしれませんが、必要なのは「生活の中の体験」。幼児教室で「この子はできるな」と思うお子さんは、たとえば、お風呂上がりに背中も自分で拭けたり、お手伝いをしているなど、**生活のことがしっかりできます。家事をしている間は遊んでいて、ごはんができたら食べるだけ、という「お客さん」な暮らしではなく、何かしらできることを親御さんと一緒にしている。そういう生活感です。そして、そこには会話もあります。**

「おうちモンテッソーリ」は教具がなくても大丈夫。そのかわりいつもの生活で、「モンテッソーリ的なかかわり方をする」。プリントやドリルなどのお勉強的なことをする前に、幼稚園・保育園の行き帰りに、ちょっとした会話を習慣化する。何か一つお手伝いで任せてみる。それだけで、どんな子も余裕を持って、小学校受験に合格します。

②カンタンなことから始める

モンテッソーリ的に言うなら、スモールステップ。

子どもに台所の手伝いをしてもらうとき、いきなり出刃包丁を持たせて「お魚を捌いてごらん」なんて言わないですよね。「カンタンなことから始める＝スモールステップ」はそれに似ています。

まずは「お皿を並べてもらえる？」「レタスをこの大きさにちぎってもらえる？」など**小さな子でもできることを１つ任せてみること。これを面倒くさがらずにすることが、具体物を使って体感を深めていくことにもつながります。**

また、**何かを教えるときも、カンタンな組み合わせにしてみる。**

大人が用意する道具やおもちゃは、子どもにとっては意外と複雑な作りのものが多かったり、やってみせるときの見せ方が早くて、わかりにくかったりします。大人の感覚で、「これくらい簡単でしょ」と思うものも、子どもにとっては複雑でむずかしく、できなかったりするのです。

子どもが難しいと感じるものは、一つひとつは簡単なものがいくつか組み合わさり、複雑な状態になっていることがほとんど。**子どもがもたついたり、できないときには「何が複雑にしているのだろう？」「どうしたら簡単になるかな」という目線で見直してみることが大切です。**

③ 一度に1つのことだけを教える

子どもに何かを教えるときに「？」という顔をされたり、「できない」「わかんない」と言われたり、いつも同じところでつまづく……。それは**「いくつかの要素や動き、考えるポイントが混じっていてむずかしい」ときです。**

それにはまず、**大人がその要素や、動きを一つひとつ分解してみてから、子どもに教える。小さく分けて教えることで、子どもが理解しやすくなります。**

たとえば、子どもが靴をはけないとき。「靴をはくための、どこで詰まっているのだろう？」という見方をします。「靴がはけないのではなく、はくときの何か1つの動作がうまくできないのだ」と考えます。言い方を変えると、子どもは、その動きができるようにチャレンジしているのです。

だからその、子どもがチャレンジしているとこ

できることから
一つずつね！
ヨシ!!
みじん切り
千切り…
今日は
玉ねぎの皮を
むくのをやって
もらえる？
お手伝い
したーい！

ろだけ「ここはこうやるといいよ」とやり方を見せる。あるいは、コツやその見つけ方を伝える。それが子どもにやさしいかかわり方です。

そして、一度に1つのことだけ伝えます。あれをやって、これをやって、こうして……といくつかのタスクを組み合わせて話すほど、子どもは混乱しやすくなります。**あれもこれもではなく、一つひとつ。そして子どもが覚えていられるのも1つ。一度にできることも1つ。**そんな考え方で子どもと暮らします。

効率の面から見ると、まどろっこしく感じるかもしれませんが、0~10歳までの子どもは、その一つひとつを知ることで、自分の世界を作ろうとしているところです。だから、子どもは何回も何回も、体の中にしみ込ませるように、同じことをくり返す。そして「なるほど、これはこういうふ

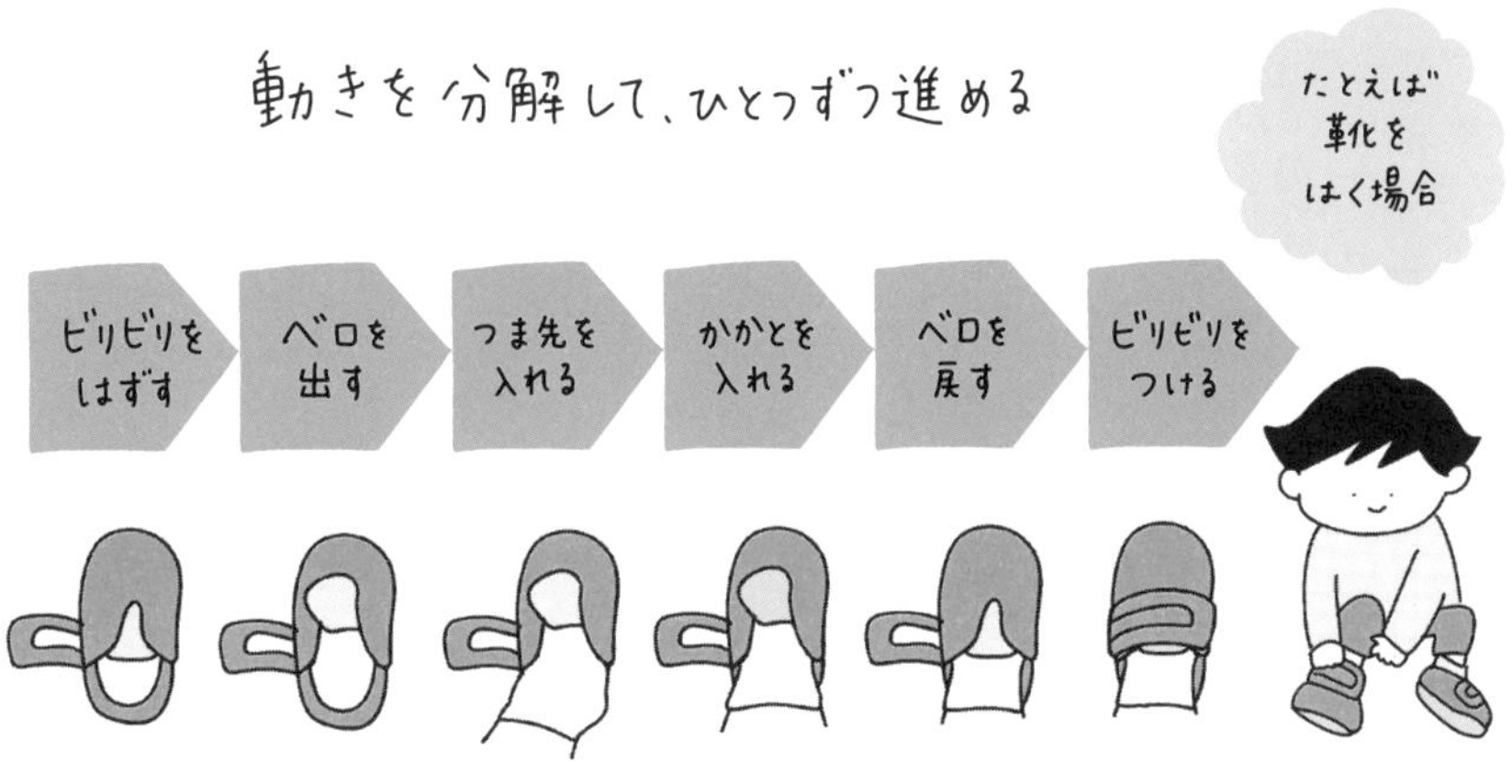
動きを分解して、ひとつずつ進める
たとえば 靴を はく場合
ビリビリを はずす
ベロを 出す
つま先を 入れる
かかとを 入れる
ベロを 戻す
ビリビリを つける

うになっているんだ」と知っていく。すでに十分に体験している大人のように、一度やって「ああ、あれね」とはならないのです。

0〜10歳までの時間は、「子どもが安心して、世界と出合っていく時間」です。手間がかかることを避けようとしがちですが、大人がほんの少し、子どもに手間をかけたり、待ってあげたり、工夫するだけで、子育てはラクになる。その方法を知ってもらえたらと思います。

子どもには、子どもの理解のしかたがあります。早く大人にするために、大人のやり方をカンタンに見せて教えるのではなく、子どもに合わせた教え方をする。それがいちばん子どもが伸びる方法です。

とくにこの①〜③のポイントさえ押さえておけば、それだけでたいていのことは乗り越えていけるし、子どもが賢くなるだけでなく、親御さんもだんだん楽に過ごせるようになっていきます。

一度の体験はただのイベント。「くり返し」と「体感」が本当の体験になる

0～10歳までの子どもの育ちで大切なのは「体を使っているかどうか」。

これを体験と言い換えて、「子どもにたくさん体験させてあげましょう」といったキャッチコピーを掲げる広告がたくさんあります。あるいは、習いごとの先生からそうすすめられることもあると思います。

たしかに、何もしないより何かをした方が良さそうだし、親としても安心できますよね。

でも、そうすると**不必要に忙しくなります。**そして、「自然を体験させるためにキャンプに連れて行かなきゃ！」「いまのうちからコンサートに連れて行って、本物の音楽を聴かせてあげなきゃ！」など、「何か本格的で特別な体験をできるだけたくさんさせてあげなければ」とムダに気合いが入りがち。本当に**大事なのは、体験の「種類の多さ」や「特別感」ではありません。**

「やったことがある」というのは体験ではなく、ただのイベント。その子のモノに

はなっていないのです。

たとえば、スキーに行ったことがある子どもが小学校受験でスキーの季節を聞かれると、堂々と「夏休み！」と答えたりします。もちろん、隣にいる親御さんは大あわて。そんなコントのような場面が、お受験の現場では少なくありません。

なぜこんなことが起きるかというと、せっかく行ったスキーが「ただのイベント」で終わってしまっているから。

そもそも**行く回数が少なかったり、体験したことについて親子の会話が足りなかったことが原因です。子どもはくり返し体験してこそ、覚え、身につけていきます。**

特別な体験よりも、「ウチの定番」がいちばん残る

遊びやお出かけ、家のお手伝いなど、子どもは

毎日・毎年のくり返しこそ
大切なチカラになる！
やる！
やる！
まだ！
次も！
まだまだ！
できる！
もっと！
まだ！
さらに！
つづく
ちょっとずつ成長！
子どものしつこさにはワケがある!!

ふだんのなにげない暮らしでの体験や会話で育っていきます。

たとえば、公園で砂遊びをしていると、砂だんごが上手に作れるときと、手から砂がサラサラとこぼれてうまく作れないときがあります。

大人は、砂だんごは湿った砂の方が作りやすいと知っていますが、子どもはそれを知りません。でも、砂場で毎日のように遊んでいる子なら「雨が降った日の後は、砂だんごが作りやすいな」「砂に少し水をかけると、ギュッとにぎれるようになるんだな」と、自分の体験を通じて感じ取れるようになります。これが「体感」。そして子どもは体感からものごとを理解していくため、**何度もくり返すことで、そのときにかいだ匂い、目にした風景、季節感、家族の会話など、すべての体験が体に刻み込まれていきます。**

一回経験したくらいでは、ただのイベント。子どもの記憶には残りません。キャンプやコンサートなどのイベント的なものは、子どもの知らない世界を見せてあげるいいきっかけにはなりますが、毎日のようにくり返しできるものではないぶん、「体験」を「体感」に落とし込むには弱いのです。

そして、**子どもはすぐに忘れる人でもあります。**

そのときは、「楽しかった〜！」と目を輝かせていたのに、ちょっと時間が経つと「あれ？　そんなことしたっけー？」と平気な顔で言ったりします。だから、子どもに何かをしっかり伝えたい、理解させたいことほど、何度もくり返す。

私の体感では、「子どもが『そういうもの』と知っていて、覚えている。それについて話ができるようになる」のには3年かかります。

たとえば、冬は家族みんなでスキーをする。冬は寒い。雪が降る、などを子どもに教えたいなら、スキーに3年は続けて行くことが大事。

毎年この時期、この日にすることなど、**「いつもの」暮らしや年中行事、あるいは季節ごとの「ウチの定番」を作っていく**のがおすすめ。「いつもこれをする」がポイントです。

だから、遊びや幼稚園・保育園の行き帰り、スーパーの買い物やごはん作りなどで、子どもとできることをする。毎日の暮らしの中でラクにくり返せるものであるほど、ムリなく続けられます。

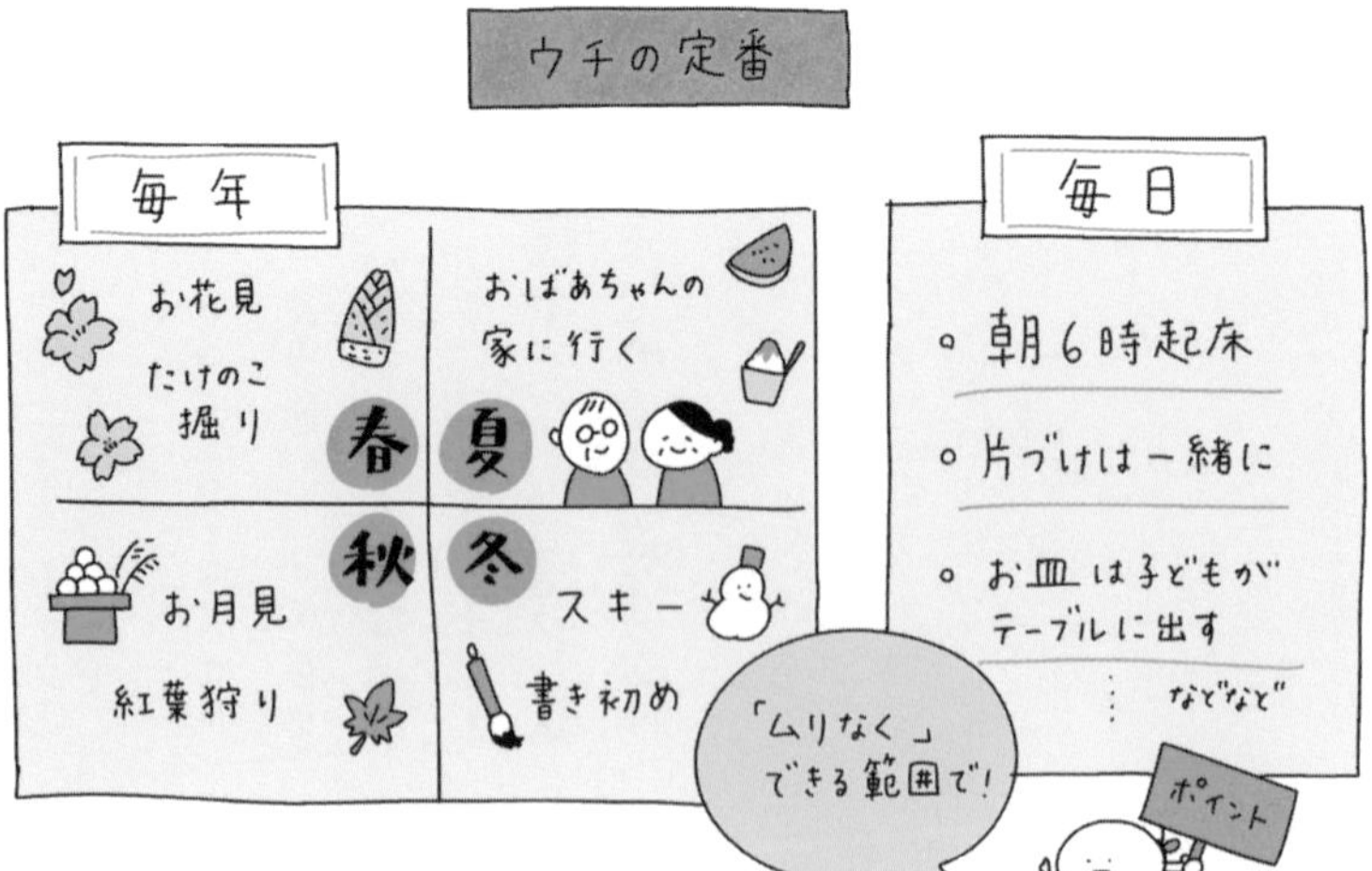
ウチの定番
毎年
お花見
たけのこ掘り
春
夏
おばあちゃんの家に行く
秋
冬
お月見
紅葉狩り
スキー
書き初め
毎日
朝6時起床
片づけは一緒に
お皿は子どもがテーブルに出す
などなど
「ムリなく」できる範囲で!
ポイント

そしてそういう**「ウチの定番」こそが、子どものベースを作っていくのです。**

ポイントは「くり返すこと」

子どもの興味の始まりは、いつだって「えっ、何それ？　面白そう！」がすべてです。

たとえば、小学校受験のプリントだって、面白いと思えるように親がかかわることで、子どもは楽しくできるようになります。

「面白そう！」と思えれば、野原で遊ぶことも、おうちのお手伝いをすることも、机に向かって知育的なことに取り組むこともみ～んな同じ。**子どもにとって、遊びと知育の区別はありません。**ただ自分にとって「いま」したいことであるほど、くり返しするようになります。

冒頭で、幼児期の子育ては「のびのび派」か「知育派」の二択になりがちとお話ししましたが、どちらを選んでもそこには大きな差はありません。**差を生むものは、どれだけ体で覚え、会話をし、子ども自身の言葉で話してきたか。**そして、**その差が子どもの本当の賢さ、いわゆる「地頭」を作っていきます。**

子どもの世界を広げるのは、毎日のなにげない親子の会話

「地頭がいい子」に育てたい、と多くの親御さんたちが言います。

では、地頭をよくする「決め手」って何だと思いますか？

「運」？

「遺伝」？

それとも「才能」でしょうか？

セミナーや講演会で同じ質問をすると、みなさんからいろんな答えが返ってきます。

運だとすると、不確定要素が多すぎますよね。

遺伝だとすると、子どもを「自分の子ならこんなもの」と限定してしまったり、逆に「これはできるはず」などと、その子が持っているものと違うものを求めたりすることも起きてしまいます。

では、生まれ持った才能か？　というと、これも何だかあやふやなもの。そして、だ

れかそれを引き出してくれる人が必要に思います。

遺伝、才能といったよくわからないものではなく、たった一つ、確実に子どもの地頭を育てるものがあります。子どもの**「地頭の良さ」には、大人が意図してかかわることができるのです。**

「地頭」の意味を辞書で調べると、「学校や教育で与えられたのではない、その人にもともと備わっている本来の頭の良さ。知識が多いことだけではなく、論理的に考える力や、考えたことを伝える力を持っているかどうか」などとあります。

平たく言うと、**「これはこう」と、ものの成り立ちやその秩序が理解できて、「こういうことなのかもしれない」と、ものごとを論理的につなげて考えられる。そして自分の言葉で自分の考えを伝えることができる力**です。

そして、面白いことに、小学校受験で試される

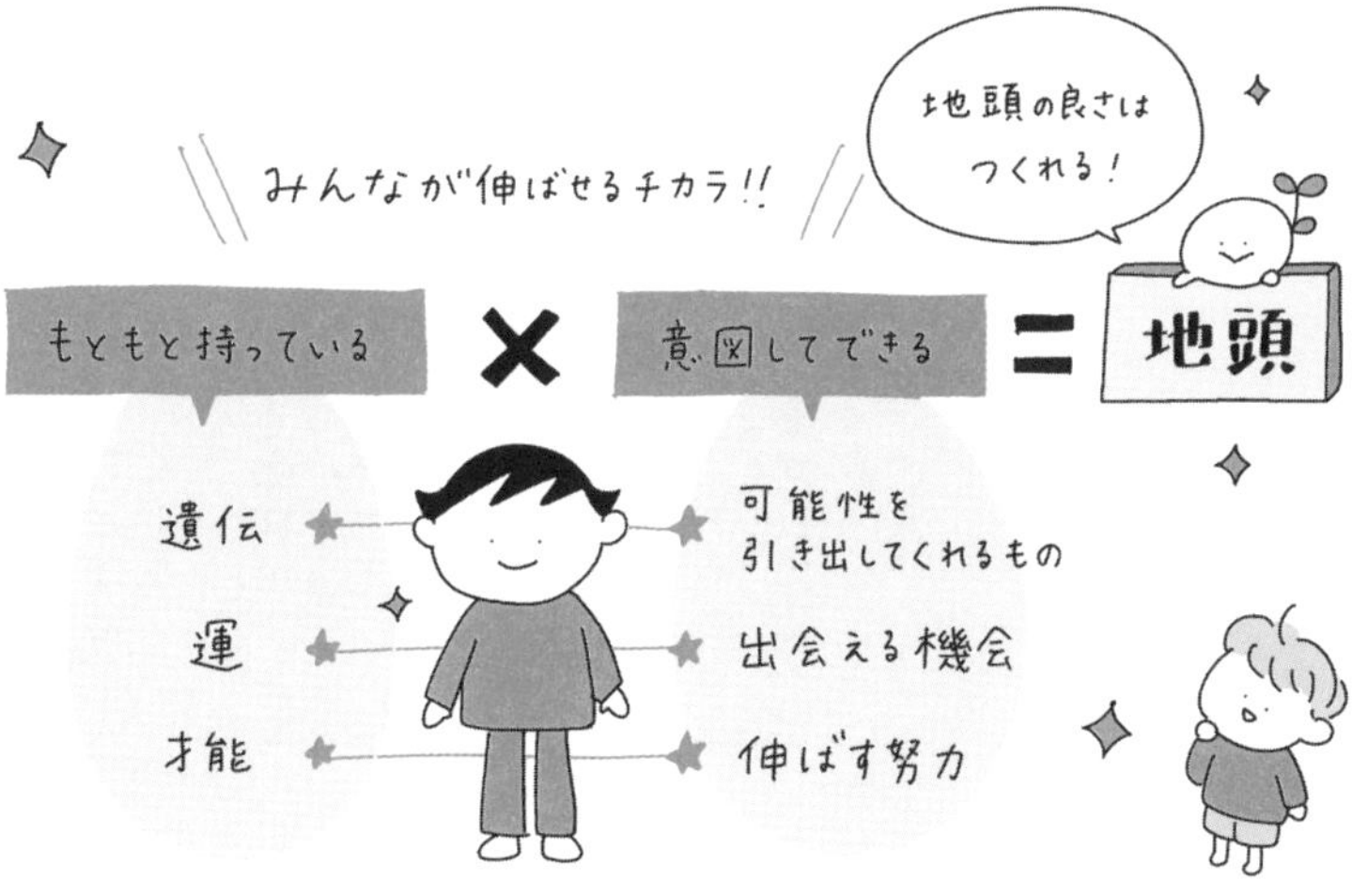
みんなが伸ばせるチカラ!!
地頭の良さは
つくれる！
もともと持っている
×
意図してできる
＝
地頭
遺伝
運
才能
可能性を
引き出してくれるもの
出会える機会
伸ばす努力

力も、そういう力です。ラクに合格するお子さんほど、「自分で考えて、自分の言葉で伝える」ことができます。そしてそれは、その子たちが決して特別なのではなく、ただ「できるようになる」かかわり方をしてもらっているだけということがほとんどです。

着目したいのは「子どもができるようになるかかわり方」。おうちでそれができたら、お受験する、しないにかかわらず、子どもはみんな伸びていく。おうちモンテッソーリ的にかかわると、どの子も「地頭がよく」育っていきます。

さて、ここまでに0～10歳までの子どもの育ちは、体を使って感じること＝「体感」が大切だとお話ししてきました。

「体感」は子ども自身で感じ取ることもあれば、まわりの大人の言葉かけによってより広く、深く知っていくこともあります。

そこで、**「どれだけ親子の会話があるか」が大事になってくるのです。**

子どもは「体感」＋「言葉」で世界を広げていく

地頭のよさは、ふだんの生活でちょっとした会話を意識するだけで、ぐんと伸びていきます。おすすめは**「すき焼き定食の会話」**。つまり、「すき焼き（とそれにまつわる食べ物）ってこういうものだよね」という会話をふだんからたくさんしておくことです。いきなり「すき焼き定食とは」を教えようとするのは、いわゆるお勉強。それと、すき焼き定食の会話はちょっと違います。

たとえば、みなさんの家ですき焼きを食べるとしたら、どんな会話をしますか？

たいていは「今日の晩ごはんはすき焼きよ〜！は〜い（すき焼きとはこれです！）」と、でき上がったものを見せて、食べて、おしまいというパターン。「おいしいね」とか「豪華ね」などと話すかもしれません。たしかに、これをくり返せば、子どもは「この食べ物はすき焼きっていうんだな」と覚えるでしょう。

でも、0〜10歳までの子どもは、何をどうしたらすき焼きになるのか、**つまり「すき焼きってな**

ご飯1杯
すき焼き
野菜炒め
みそ汁
ご飯
薄切り肉
白菜ざく切り
豆腐
みそ
水
米
牛肉
白菜
大豆

んだっけ？」というところから知っていく人です。

だから、「すき焼きはね、薄く切った肉とざく切りにした白菜や豆腐などを甘辛く煮つけたものだよ」などと、具体的な言葉にして伝えてあげてほしいのです。

たとえば、肉であれば「この薄い肉は牛の肉なんだよ」とか、「すき焼きの肉はなんで薄く切るのか知ってる？」とか、「牛ってどこにいるんだろう？」「どうやって育てるんだろうね？」「牛肉のほかにも牛乳が取れるんだよ」など。

白菜であれば「白菜は冬の食べ物だよ」「すき焼きに入れてもおいしいけど、炒め物やお漬物にしてもおいしいよ」などと、**目の前にあるものとそこからつながっていくもの、連想できるものなどをたくさん話すことが会話となり、子どもの地頭の差を生み出します。**

そして、親子の間にそういった「ふだんのちょっとした話」があるだけで、ほかのことにも興味が広がりやすくなります。

ふだんの毎日でできることの方が、子どもの体には残る

そう言うと、いろいろな知識を体系立てて教え込もうとしてしまう方がいますが、それでは子どもに嫌がられてしまいます。たとえ嫌がらなかったとしても、伸びる

子にはなりません。

大切なのは、毎日の暮らしのなにげない会話で教えてあげること。

「これを教えなきゃ」「あれも教えてあげなきゃ」と気合いを入れすぎてしまうと続かないし、聞いている子どもも楽しくありません。

普通の毎日の中で行われることが、子どもの中にはいちばん残っていきます。

たとえば先日、わが家で朝ごはんを食べていたとき、高校生の息子が豆腐と油揚げの入ったみそ汁を飲みながら「あ、今日は大豆三兄弟だ」と言いました。

私は一瞬「？」となったのですが、「ああ、そういえば昔そんなことを言っていたなぁ～」と懐かしく思ったのです。

息子が小さいころ、わが家では豆腐と油揚げの

みんな大豆生まれ
お豆腐
油あげ
みそ
みそ
それがおみそ汁になった
だから大豆三兄弟!!
暮らしの中でつながっていく
知識で教えるよりずっと深く身についていくよ

みそ汁を「大豆三兄弟」と呼んでいました。豆腐も油揚げもみそも大豆からできているから「大豆三兄弟」。

こんなことは学校のテストには出ないし、わざわざ教えるほどのことでもないのかもしれません。ですが、言った本人は忘れてしまっているくらいたわいのない会話を、子どもはずっと覚えていたのです。

これが「普通の生活の中で身についていく」ということ。わざわざ「お豆腐って大豆からできているのよ」などと教えようとするのとは、少し違います。

すべてのことをあらたまって正しく、きちんと教える必要はありません。楽しく会話をしながら、重ねていく日々の方が、子どもの記憶には残ります。そして、その体にしみ込んだ記憶が、その子のものの見方や世界＝「その子らしさ」を形作っていくのです。

「マジックボックス」の正体、それは賢い子に育つ〝ひとしかけ〟

さて、ここまで読んでもうお気づきの方もいるかと思いますが、この章の最初の方でお話しした「マジックボックス」の正体はおわかりになりましたか？

そう、答えは「体感」と「会話」。

のびのび遊ばせても、知育に時間をかけても、その間にある「子ども自身の体感」と「親子の会話」がなければ知性にはつながらず、賢い子には育っていかないのです。

逆に、**0〜10歳まで、このマジックボックスの中身「体感」と「会話」を大事にしていれば、「のびのび育てる派」と「知育を頑張る派」のどちらでも大丈夫。そして、心も頭も一緒に育んでいくことができます。**

あらためてまとめると、「賢い子」＝「地頭のいい子」に育てる差を生むポイントは、次の3つだけです。

①子どもは体で大きくなる＝体を使う
②子どもは何度もくり返したことを覚える＝くり返す
③大人は子どもの体験に言葉を渡す＝会話をする

「なーんだ、そんな簡単なことか」と思った方もいるでしょうし、「なんだかまどろっこしいなぁ～」と思った方もいるでしょう。

押さえておきたいポイント自体は簡単なことです。でも、それを続けていくには、なかなか根気がいります。

そして、子どもの発達はと～ってもゆっくり。一度やってみるだけではすぐに忘れてしまうから、くり返すことを大切に。

だからこそ、**３６５日、家庭での暮らしの中で、「ゆるっと、楽しく」やっていく**ことが、ムリなく続けていけるコツになります。

そんなゆるい「おうちモンテッソーリ」でも、効果は絶大。ガリ勉なんてしなくても、小学校受験や中学受験でラクラク合格する子が育ちます。

幼児の
賢さをつくる
ヒミツだよ！
体感
会話
暮らしの中で
くり返していく
FUTURE!
MAGIC
BOX
NOW!

大人は自分が育った時代の感覚で、ものごとを見てしまいがち。

でも昨今、世の中はめまぐるしく変化しています。

何が正解かわからない中、未来を生きていく子どもたちに身につけてほしい力とは—？

まずは、いま学校ではどんな力を伸ばす教育を行っているか、知ることからはじめてみましょう。

そして、親御さんも自分が育った時代の感覚ではなく、「いまの時代」の感覚に、あせらず、ゆっくりアップデート！

第1章

いまの時代に必要な力とモンテッソーリ教育

時代で変わる教育・変わらない本質

SNSなどで、子育てにまつわる情報がすぐに手に入る時代になりました。しかも「〇〇とは、こういうもの」とコンパクトにまとめられていたり、子育てが「楽しそう」「うまくいっていそう」なご家庭の様子も目に入りやすいですよね。あるいは、「〇歳までに△△をする」とか、「子どもの自己肯定感の高いお母さんの5つの特徴」みたいに、「いい子育ての基準」や「正しそうな理論」が書かれていたりします。

そういうすぐまねできそうなだれかの成功事例や、コンパクトで正しい理屈で幸せになれる方はいいのですが、なぜか私が出会う親御さんは、そういう情報にたくさん触れている人ほど、育児に悩んでいるように思います。

「わかりやすい正しさ」は、ときに不安をあおります。育児の本や、よその家庭の子育てをバロメーターにして、ついまわりと自分の子を比べ、心がザワザワしてしまう。そして、「まわりに置いていかれないように、小さいうちからあれもこれもやらせなくちゃ」と思った結果、最近の子どもたちはとにかく忙しいのです。

一週間の予定が習いごとでびっしり。大人より忙しそうに見える子もいます。そんな子どもたちから聞こえてくる声は「疲れた」「休みたい」「遊びたい」……。

習いごとを否定するつもりはありません。でも、**「遊ぶヒマもないほど習いごとをしても、子どもが伸びるとはかぎらない」**のです。

教育とは、社会の一員として人を育てること

ここで一つ、みなさんに質問です。

教育の中身は、時代で変わると思いますか？　それとも変わらないと思いますか？

講演会でこの質問をすると、多くの方が「変わる」と答えます。

その理由を聞いてみると、「AIの登場で人間に求められる力が変わった」とか「グローバル社会になって英語力が必須になった」など、もっともらしい答えが返ってきますが、「では、そのために**どんな人に育つといいのでしょう？**」と、もう一歩

踏み込んだ質問には、答えがないことも多いのです。

教育の中身は、時代によって変わります。それは、社会が変わると、求められる教育の中身も変わっていくからです。

時代が変わっても、子どもの発達のステップは変わらない

いっぽうで、**変わらないものもあります。それは、子どもの人としての発達そのもの。**

子どもが成長・発達していく段階は、時代や求められる力が変わっても、ずっと同じ。**人間の体や心の成長にかかる時間が変わるわけではありません。**

0~10歳までの子どもの発達とは、体を使い、話を聞いて、自分で考え、話したことからものごとを理解します。そして同時に心を満たし、成長していきます。

急いで何かをやらせたからといって、一足先に大人になるとか、賢くなるといった「飛び級」みたいなことは起こらないのです。

だから、**「教育の中身」と「子どもの成長・発達」、この2つを切り分けて考えることが大切。そうしないと、いつも情報に翻弄され、世の中の流行りの学びを子どもにさせようとしてしまいます。**

そしてもう一つは、子どもの成長に合ったものを学ぶようにすること。せっかく子どもの将来によかれと思って始めたものも、時期が早すぎるためにあまり意味をなさないということもあります。

くり返しになりますが、**大事にしたいのは「体感」と「会話」。**0～10歳までの時期は、そこに軸足を置いた子育てを心がけてくださいね。

子どもが生まれて10歳までは大人もアップデートする大チャンス！

大人はつい、自分が育った時代の感覚でものごとを見てしまいがち。「私の時代は、勉強ができないと将来困るよと言われて、たくさん勉強した」「自分を出しすぎると、わがままな人に思われてしまう」など、育った時代の価値観が自分の判断基準や常識になっていたりします。

でも、時代は変わっています。もしかすると、**みなさんが考える「子育ての正解」は、すでに古いのかもしれません。**

だからこそ、**親御さんたちも、いまの時代に合わせたアップデートが必要。変わらないといけないのは、じつは子どもではなく、私たち大人の方なのです。**

あせらず、ゆっくりアップデートしていこう！

そう言うと、たいていの方は拒否反応を示します。

「私が変わるより、子どもが変わればいいのに……」と思ったり、これまで自分なりに積み重ねてきたものを否定されたように感じたり。

でも、私がお伝えしたいのはそんな大げさなことではないのです。

教育は社会の変化に応じて、その中身が変わっていきます。だけど、子どもの成長のステップ自体は、時代が変わっても変わることはありません。ならば、**これからの時代を歩んでいく小さな人たちが生きるために必要な力が何で、どう育んでいけばよいのか、毎日ちょっとずつ考えながら子育てをしてみませんか**、ということ。

いま、私たちは変化の目まぐるしい社会で生きています。未来の答えなんて、誰も持っていません。

親世代や私たちが子どもだったころのように、頑張って勉強すれば将来安泰、なんて分かりやすい目標が描けない。それが、これからの子どもたちが生きていく世界です。

だからこそ、大人に求められるのは「すぐに答えを見つけようとしないこと」。

もともと仕事や勉強は、課題とそれに対する打ち手が明確に計画しやすいもの。でも子育ては、少し違う面があります。

人の心はゆっくりゆっくり育っていくもので、タスクを「こなす」ように育てていくことはできません。幼児の知育は、一見勉強のように見えますが、この「ゆっくり育つ」部分もたくさんあるのです。

子どもと一緒に過ごす持ち時間は10年。その10年を仕事のタスクをこなすように過ごすのではなく、親子で試行錯誤を楽しむ時間にしてみる。時代に合わせた内容で、子育てを楽しむ。

まずは、いまの時代の教育の中身を知ることから始めてみましょう。

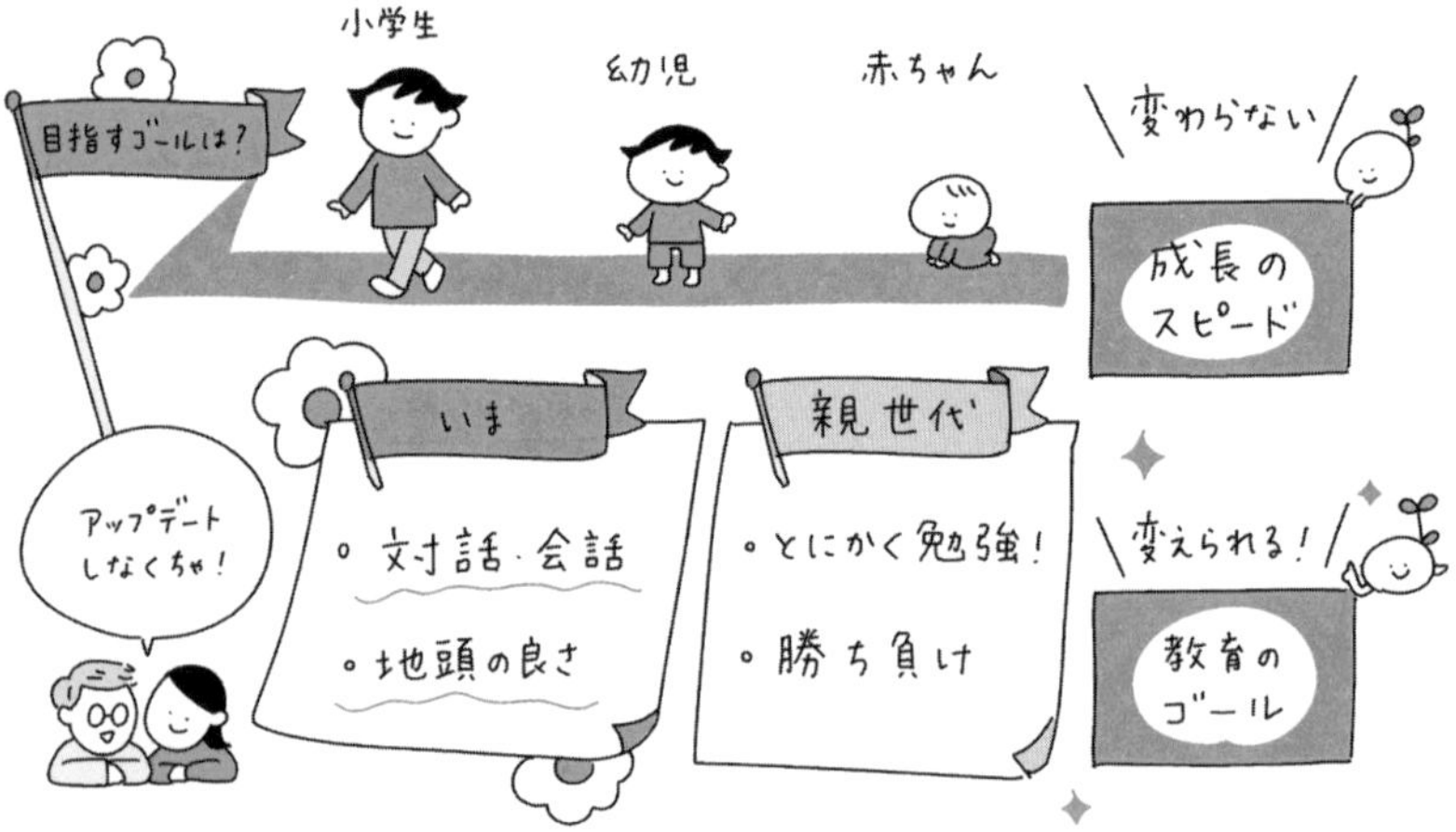
目指すゴールは？
小学生
幼児
赤ちゃん
変わらない
成長のスピード
いま
・対話・会話
・地頭の良さ
親世代
・とにかく勉強！
・勝ち負け
変えられる！
教育のゴール
アップデートしなくちゃ！

親世代とは違う！新・学力の3定義

私たちが育ってきた時代では、大きく次の2つの学力が大切と言われてきました。

① 知識・スキルがある
② 知識・スキルを使って考えることができる

だから、教育を考えるときにも「英語ができればグローバル社会で困らない」「プログラミングの知識があれば大丈夫」などと、「何か」の知識があれば「何か」ができるようになる、という考えになりがち。つまり、ものごとの正解を探して「そのためにできること」に目が向きます。

もちろん、知識を得ることは大事です。でも、**いまの時代は「知識があってそれを使える」だけでは、強みとまでは言えなくなっています。**要するに、自分の知識やスキルを使って「こうだから、こうなる（はずだ）」と考えたり、説明すること自体がゴールではなくなってきているのです。

知識やスキルがいらなくなったわけではなく、さらにもう1つ**求められる学力が加わった**ということ。それは、「(○○に対して)自分はこう思う」「自分ならこうする」という**「自分の考えを伝える力＝表現力」**です。

なぜ、この「表現力」が求められるようになったと思いますか?

それには、社会の変化が大きく関係しています。

社会の変化が目まぐるしい中で、誰かが決めた「正しい答え」がなくなってきたため、そこでは「正しい答えを導き出す力」よりも「意見が違う人たちと話し合いながら、新しい答えを作り出す力」が求められるようになってきたのです。

知識とスキルがある
知識とスキルを使って考えることができる
知識では○○で△△…
正解を求めなきゃね
親世代
NEW!
主体性
多様性
協働性
私はAと思うよ
なるほど！ぼくはBだ
一緒に考えよう！
いまの子どもたち

「君たちはどう思うか」の時代を生きていく子どもたち

社会の変化に合わせて最初に変わる学校は、社会にもっとも近い場所にある大学です。すると、大学入試が変わります。みなさんも最近、「大学入試改革」という言葉を聞いたことがあるのではないでしょうか。

改革といっても、ある日スパッと切り替わるわけではなく、徐々に変わっていくものです。大学入試の内容が変われば、高校・中学の授業内容が変わり、それに合わせて中学受験の入試問題や小学校の授業の中身も変わっていきます。

こんなに違う！ いまどきの入試問題

たとえば少し前、中学入試と大学入試でこんな問題が出題されました。

【問題】99年後に誕生する予定のネコ型ロボット『ドラえもん』がすぐれた技術で作られても、生物として認められることはありません。それはなぜですか？

【問題】実生活において、算数の考え方が活かされて感動したり面白いと感じたりした出来事について簡単に説明せよ。

【問題】もし地球が東から西に自転するとしたら、世界は現状とどのように異なっていたと考えられるか、いくつかの視点から考察せよ。

私たち親世代が知っている入試問題とは、だいぶ違いますよね。知識を問うというより、自分は何を伝えたいのか。持っている知識を使ってどの視点からどう説明するか。そして、それを自分で考えて表現することが求められています。

これらの問題で**共通して問われているのは、「あなたはどう思う?」ということ**です。

求められているのは「お互いの願いから一緒に創る」感覚

どう思う？という問いへの答えは、どうしたら育まれるのでしょうか。

たとえば、「小学校の学習指導要領＝学力のゴール」を簡単にまとめると、こんな感じです。


【小学校の学びの重要課題】
・協調性よりも、主体性と協働性
・根拠を持って自分の意見が言える表現力と自己肯定感
・多様性を尊重し、他者と協働するためのコミュニケーション能力（共感性）とリーダーシップ

自己肯定感、コミュニケーション、リーダーシップなど、みなさんが惹かれそうなワードがいっぱいちりばめられていますね。

でも、注意して考えたいのは、これらはすべて抽象的な言葉にすぎないということ。

具体的に何をどうすることが「協働」なの？　自分の意見を言うだけでいいの？　共感って、何をどうすること？　などなど、その解釈は人によって違います。また、そういった力を育むために何をすればいいかもあいまいです。でも、ただ一つ、わかっているゴールがあります。それは**「世界を、他者と共に創っていくこと」**。

「お互いの願い」から一緒に世界を創る

私たち親世代は子どものころ、「みんなと仲良く」「人に迷惑をかけないように」「輪を乱さないように」という空気の中で育ってきました。

そこで重視されていたのは「協調性」。

集団＝まわりと足並みを揃えるためには、「私」の意見はあまり必要ではなく、「みんなのためにガマンする」ことが求められます。また、その「集団」の中で、成果を認められたいときにはまわりの期待にどう応えるかを「できるだけ多く知っていて、正しく、早くできること」が大事になってきます。そこには競争が生まれ、勝ち負けがはっきりしていきます。

対して、いまは正しい答えがない時代。誰も正解を決めてくれない、集団より個人が尊重される時代へ。だから「あなたはどうしたい？」という「主体性」が大事になってきます。

一方で、「ガマンして人と合わせるのがいいこと」だと教えられてきた私たちは、自分の意見をハッキリ主張する人を受け入れにくかったりします。


なぜなら、主体性＝「自分のことをバリバリ主張するわがままな人」と、どこかで思っていたりするからです。


でも、その「我慢する」も、バリバリ「主張して押し通す」という考えも、どちらも古い考え方。

よく子育てのお悩みで「うちの子、おとなしくて主張しないんです……」（＝主体性がない）とおっしゃる親御さんがいますが、いまは**「主張しないというのも主張の一つ」**とさえ言える時代。**そのくらい、時代の感覚が変わってきています。**

もうひとつ、私たちは親から「相手の気持ちに

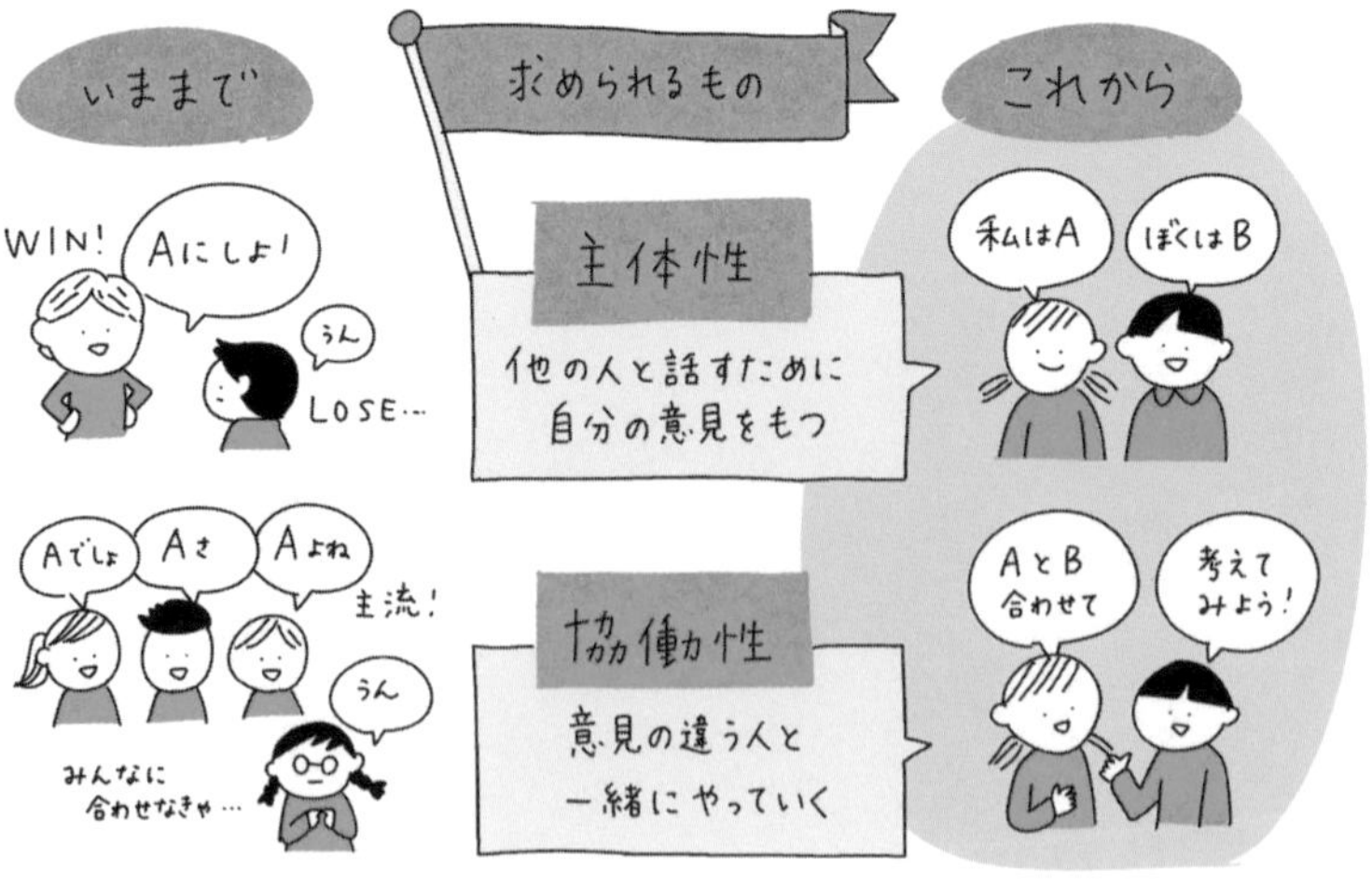

求められるもの
いままで
これから
WIN!
Aにしよ！
うん
LOSE…
主体性
他の人と話すために
自分の意見をもつ
私はA
ぼくはB
Aでしょ
Aさ
Aよね
主流！
うん
みんなに
合わせなきゃ…
協働性
意見の違う人と
一緒にやっていく
AとB
合わせて
考えて
みよう！

なって」「お友だちと仲良く」「そんなことをしたら、近所の人に何を言われるか……」などと、まず相手のことや世間体を考えるように言われてきました。

でも、いろいろな価値観を持った人たちと一緒に暮らすこれからの時代は、「私はこう思ってるよ」「僕はこう思ってるんだけどなぁ〜」「じゃあ、あなたはどう思ってる？」とそれぞれの思いを伝え合い、そのうえで「じゃあ、どうする？」と、「みんなで対話しながら」「ときに柔軟に答えを変えながら」進んでいきます。

どちらが**正しいか間違っているか、どちらが勝つか負けるかでもない、「お互いの願いから共に創る」**。それが一つのゴールなのです。アップデート、できそうですか？

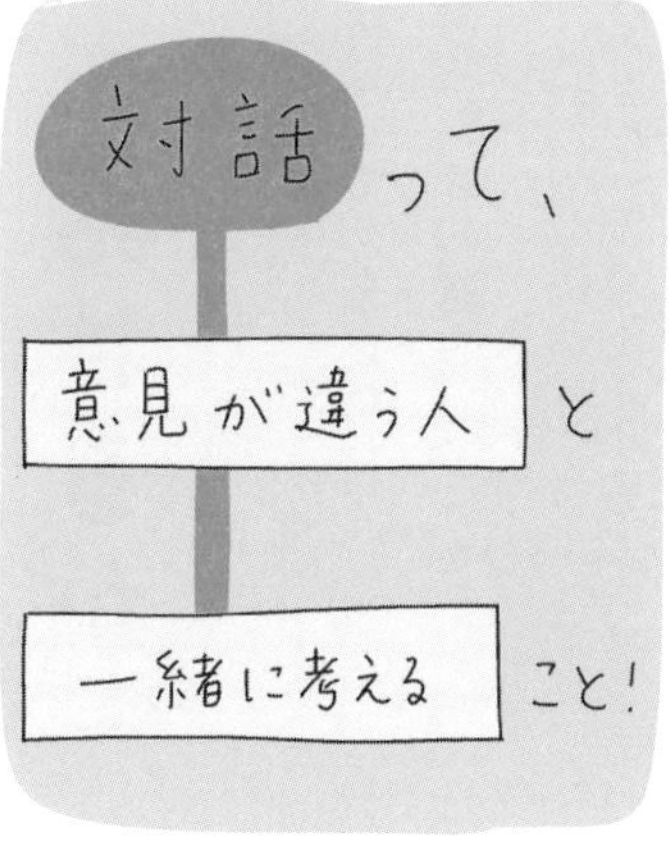

幼児期の知育のゴールは「聞いたことを自分の言葉で話せるか」

さて、ここまで、時代で変わったことについてお話ししてきました。

ここからは、**いつの時代も変わらない「子どもの育ち」のお話**をしていきます。

みなさんは、時代の変化に合わせて子どもを育てるために、幼児期に何をしたらいいのか？　を知りたいのではないでしょうか。そして、そのために何か新しいことをしなくてはならないと思っていらっしゃる方も多いと思います。でも、実際はその逆なのです。

「時代が変わっても、幼児期の子どもたちがしなくてはならないことは変わらない」

そう聞いたら、どんな気持ちがしますか？

私はこれまで、お受験をする子どもたちやモンテッソーリの教室で、0歳から小学生までのお子さんをたくさん見てきました。お受験をするのは、「できる子」ばかりではありません。本当にいろいろなお子さんがいましたが、どの子もみんな、小学校に合格しています。そこで大事にしているお話からひもといてみたいと思います。

幼児の育ちは、時代が変わっても変わらないことしか問われない

小学校受験には、それぞれの学校の教育理念に合わせた試験の内容とレベルがあります。でも、そこで**問われている内容は、みんな同じ。**子どもが、どんなふうに育てられてきたのか？　どんなふうに大人にかかわってもらってきたか？　そして、かぎりなく伸びしろがある幼児期の子どもの育ちの中で、その子は何を得てきているのか？　です。

時代が変わっても、問われることはまったく変わりません。「その子がどれだけ豊かな世界を持って育ってきたか」ただそれだけです。

ではこの、**「その子がどれだけ豊かな世界を持って育ってきたか」をどうやって試験で見るのかというと、「見たり聞いたりしたことを、自分の言葉で話せるか」が試されることになります。**

そこに含まれるニュアンスの違いを説明するのはむずかしいのですが、人の話を聞いて、「これはこういうこと」と自分なりに理解する。そして「自分はこう思う」と伝えられるようになることです。当たり前に聞こえるかもしれませんが、子どもによって差が生まれます。そして、それはそのままご家庭の、子どもへのかかわり

方の違いでもあります。

大人と違うもののとらえ方をする時期、つまり0～10歳までの間に、おうちでの暮らし方をちょっと工夫するだけで、その後の学校生活や塾など、どんなところで学んでも伸びるベースを作ってあげることができます。そして、それが幼児の知育の面白いところです。

暮らしの中での「体感」と親子の会話を大事にする

その「ベース」を作るもの、それは「体感」と「親子の会話」がある生活です。前の章で、子どもは日々の暮らしの中での体験が大事。なぜなら、そこで五感を使った「体感」から、子どもは自分の世界を作っていくからだとお話ししました。その感じた世界を知性に変えていくのが言葉です。そして、子どもが話すことをよく聞いていると「その子が自分のまわりの世界をどう見ているのか」が見えてきます。

ここでもう一歩踏み込みたいのは、「その子どもの世界を作っている」のは、大人なのだということ。だから大人が自分のしていることに意識的になるだけで、いろいろなことが変わってきます。


いちばん簡単ですぐにできることは、親子でいろいろなことを話すこと。

仕事の会話のような根拠や正しさを求めるのではなく、親子で自分の考えや気持ちを伝え合う。すらすらと伝えられなくてもいい。つたない言葉でもいいから、伝え合う。親子でそういう生活ができたら、子どもは、自分の言葉で考え、自己肯定感の高い、地頭のいい子に育っていきます。

幼児期は「何を根拠に、何を考え、どう表現するか」のベースを育んでいく時期。小学校以降の勉強は、このベースがしっかりしている子が伸びていきます。文字が書けること、計算ができることが大事ではないのです。

「小学校の勉強についていけるように」と、幼児期から計算や読み書きに力を入れている親御さんは少なくありませんが、そういった小学校で学ぶことを薄めて早くさせる**「先取り学習」には、あまり意味がないのです。**

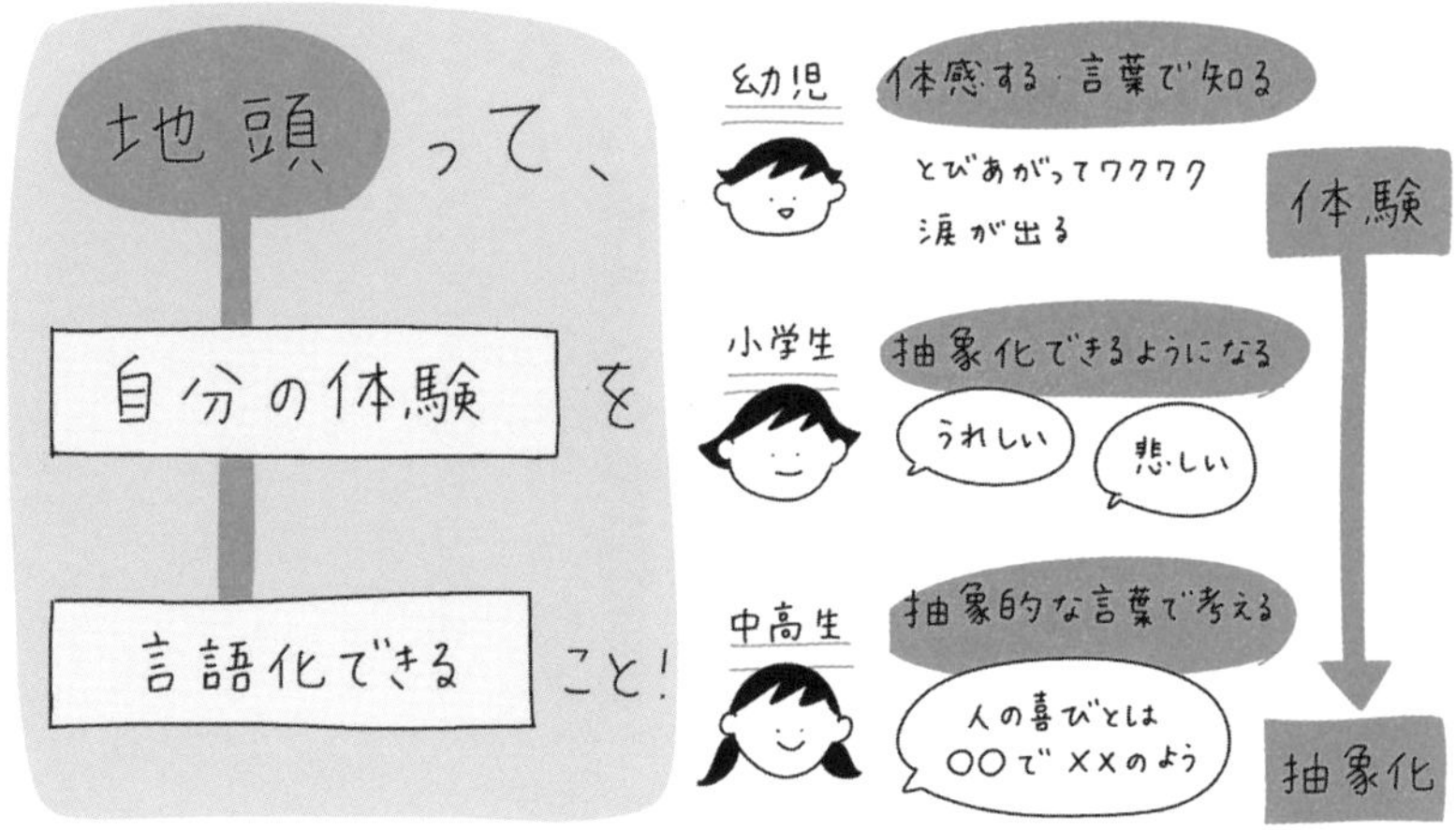

小さなつながりが、やがてその子の世界を作る

0〜10歳までの子どもは、見聞きしたこと、話したことから、「自分のものの見方＝世界観」を大人の言葉で言う「言語化」していく時期です。

だから、親は子どもにただ何かを体験させるのではなく、**「体験したことについて親子で話すこと」が大切。そのために特別に何かをするよりも、毎日の生活で見たり聞いたり、話したりしていることについて話す方がずっと大切です。**

なにも、特別なことでなくて大丈夫。

たとえば、幼稚園の送り迎えの道で、「桜が咲くと、春って感じがするね」「夏の日差しはギラギラしているね。でも、日かげに入るとちょっと涼しくなるよ」そんなちょっとした会話で十分です。

話していると、子どもが成長するにつれ、だんだんと話につながりが出てきたりします。すると、大人も子どもの成長がよくわかるようになります。

親子で一緒に見たもの、感じたことをそのまま言葉にして伝えていくことが第一

歩です。

幼児期の子どもの育ちはパラパラマンガを作っていくようなもの

「体験」と聞くと、子どもをどこかに連れて行ってあげないと、たくさん体験させてあげないと……と思っている親御さんがたくさんいます。

共働き家庭で、自分が忙しいから子どもにいろいろな体験をさせてあげられない……と、ご自身を無意識のうちに責める方もいます。

でも、安心してください。

「どこに連れて行くか」も「たくさん体験させること」も、それほど重要なことではありません。

子どもは日々のルーティンと小さな違いの中で育つ、とくに「小さな違い」に敏感な存在だからです。

同じような生活の小さな違いを大切に。
PARA PARA….

幼児期における子どもの育ちの理想は、「毎日同じパラパラマンガを作っていく」ようなもの。朝起きてから、夜寝るまでのパラパラマンガを作る。それを毎日くり返していくイメージです。

毎日同じパラパラマンガを作るためには、毎日同じ生活を送る必要がありますよね。

日々の違いが小さければ小さいほど、子どもの心は安定します。そして、毎日同じだからこそ、ちょっとした違いにも気づきやすくなります。その違いに興味を持ったり、変化を変化として受け止めることで、子どもは少しずつ自分の身のまわりの世界を知っていくのです。

ですから、「今日はこの体験会、明日はこの遊園地」というように、毎日ダイナミックな違いを自分の中に取り込んで整理していくような生活は、子どもの負担を大きくします。

だから、毎日違うことをさせたり、違う場所に

たくさん やればいいというわけではありません!

連れて行ったりすることはかえってマイナス。次々と新しいものが入って来るので、落ち着かず、受け身にならざるをえません。

それでは、子どもが本来持っているはずの「自分で自分を成長させる力」が発揮できないことは、なんとなく想像がつきますよね。

毎日判で押したような淡々とした生活の中で、日々小さなことを大事にして暮らす。その方が心が落ち着き、集中できる子が育つのです。

毎日の一つの話題から、知性の回路がつながっていく

「判で押したような生活」についてもう少し具体的にお話ししますね。

一日のだいたいのタイムテーブルが決まっていて、街に買いものに行くとか、親子向けのの催しを見に行くといった大きめのお出かけは、週に一度くらい。ふだんは家の近所を散歩したり、家で遊んだり、昼寝したりをくり返すような生活です。

そんな単調な生活、自分にはできない……と思う方も多いかもしれませんが、やってみると意外に楽しいもの。**そのかわり大事にしてほしいのが、「同じ日々に小さな違いを作る」こと。**

私が**おすすめしているのは、「季節のワーク」です。**

やることは至ってシンプル。毎月、あるいは季節ごとにテーマを決めて、毎日1つそのテーマの話をするだけ。これなら、働いている親御さんでもできますよね。

たとえば、4月上旬のテーマは「桜」。

みなさんは桜と聞いて、どんなことを思い浮かべますか？

桜といえば花見、花見といえばお弁当。

「そういえば新入社員のころ、お花見の場所取りをやったなぁ〜」なんて話でもいいし、「お母さんが子どものころ、小学校の入学式できれいな桜が咲いていたなぁ〜、そのとき、おじいちゃんと、おばあちゃんとこんな話をしたんだよ」なんて思い出話をしてあげるのもいい。いろいろなことを話してあげてください。

また、花が散ると葉っぱに虫がつくことや、桜の葉っぱが食べられること、その葉っぱが桜もちの葉っぱになることなど、話してみると、大人でも「楽しい」という方がたくさんいらっしゃいます。

桜もちは、どこで買うか？　和菓子屋さんに行けば桜もちだけでなく、季節ごとのお菓子もたくさんありますよね。

「子どもを賢く育てるなら知的なことや、小学校の勉強につながることを教えてあげなきゃ」と思ってしまうとしんどくなりますが、子どもに必要なのは「お勉強」

ではありません。

親子で会話しながら、体感のある世界を広げていくこと。季節のワークなら、ひとつのテーマからムリなくそれができるようになります。

大切なのは10歳までの育ち

人の成長の仕方をおおまかにまとめると、次のようになります。

0～10歳まで……体で覚えて、言葉にしていく時期
10歳以降……言葉について、言葉で考える時期

10歳以降は、抽象度の高い言葉で考えるいわゆる「概念化」ができるようになります。そのベースになるのが、0～10歳までの実体験と会話の量です。

「体感」と「会話」の多い子ほど、いわゆる地頭がいい子になっていきます。そして、その経験をムリなく積ませてあげられるのが、親子で過ごす日々の暮らしです。

日々くり返しているなにげないこと、つまり**暮らしの中に「ある」ものに目を向け、広げる力がつくと、子育てはずっと楽しくなります。そしてお金がなくても、時間がなくても、できることはたくさんあります。**

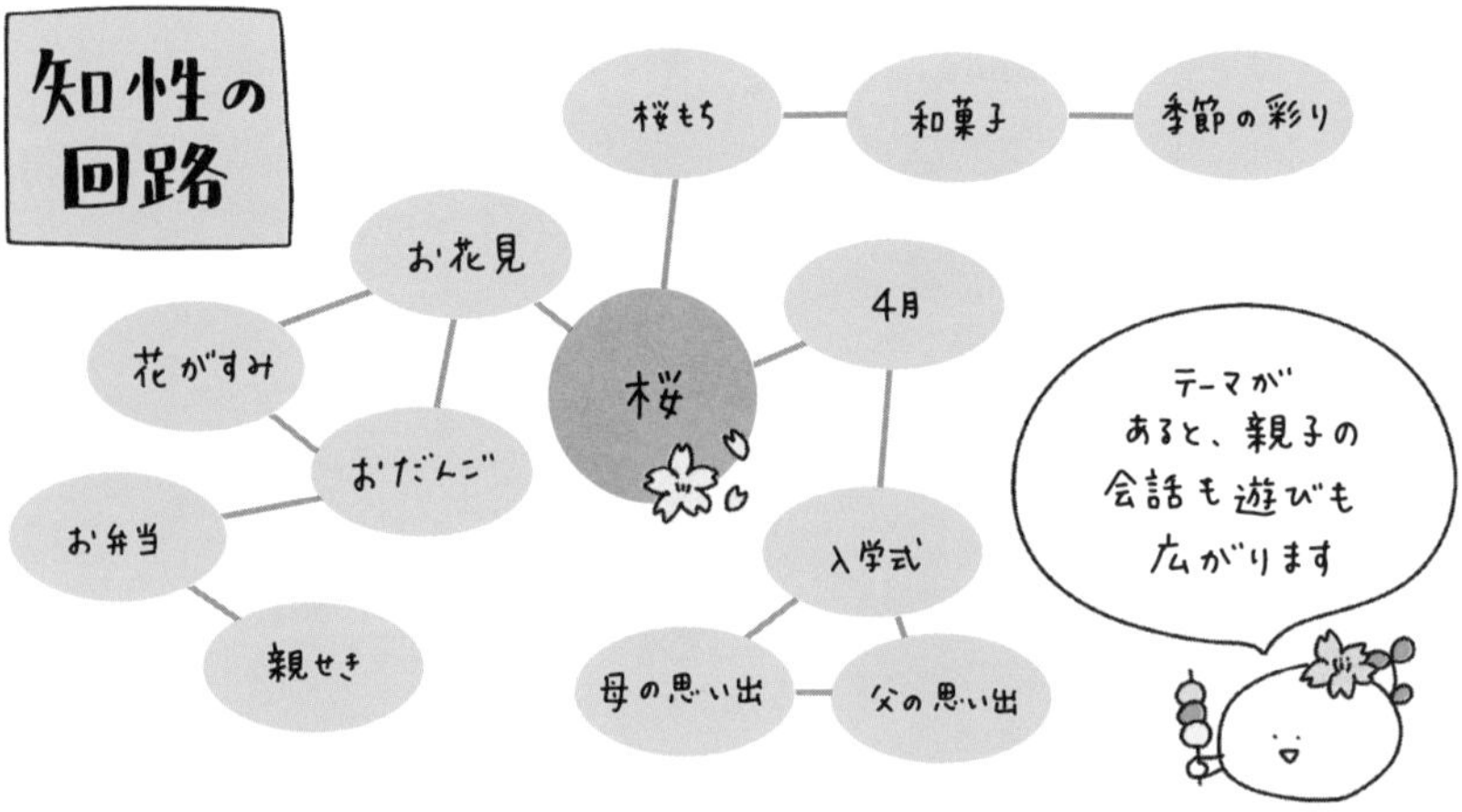
知性の回路
桜
桜もち
和菓子
季節の彩り
お花見
花がすみ
おだんご
お弁当
親せき
4月
入学式
母の思い出
父の思い出
テーマが
あると、親子の
会話も遊びも
広がります

子どもの学びはビンゴゲームのよう。あせらず・気長に・楽しく

そしてもう一つ知っておいてほしいのが、**子どもの学びや成長には「効率」という概念が当てはまらない**ということ。

たとえば、一度経験したからといって、そのときに感じたことや聞いた言葉は必ずしも子どもの体の中に残るとはかぎらないし、忘れることだって往々にしてあります。

0～10歳までの子どもの学びは、「ビンゴゲーム」に似ています。

そのときどきで興味を持つ分野が変わり、その分野のステップが一つずつ進んでいく。違う分野の理解が一つ進むと、連鎖して他の分野の理解もパタパタッと一気に進んでいったりする。そこに「その子らしさ」が隠れていたりします。

覚える―覚えない、忘れる―忘れない。そして、どんなふうに学んだか。そこに、その子の個性があります。

そして、子どもはすぐに忘れる生き物。一つひとつビンゴの穴を開けてきたのに、3か月くらいするとケロッと忘れて開いた穴がふさがってしまう、なんてこともしょっちゅうです。

大人の感覚からすると、「この前教えたのに〜」とがっくりしますが、「子どもはそういうもの」くらいに思いながら、またくり返す。そうすることで、だんだん忘れなくなっていきます。

3歩進んだと思ったら2歩下がったり、いきなり猛スピードで進んでいったり、パタッと止まってしまったり。そんなことをくり返しながら、自分の身のまわりの世界を知っていく。それが、0〜10歳までの子どもの「学び方」なのです。

そういうものだとそのまま受け止めて、**ゆっくり付き合っていくと、「その子らしさ」、つまり子どもの個性が見えてきます。**

大人と子どもは別の生きもの

大人と子どもは、学び方が違います。

私たち大人のように「特定の分野を体系的に一気に覚えていく」ことができるようになるためには、成長＝時間が必要です。

たとえば、大学受験の勉強をするとき、一つの単元を理解して、演習問題で鍛え上げることで「この単元の勉強はもう大丈夫！」と、まさに「つぶしていく」学び方をしていませんでしたか？

そうした学びを積み上げていくことで全体の得点力を上げるというのが、受験勉強の王道。でも、それができるのは、私たちがものごとを体系的に考えることができる年齢だったからです。

だけど、小さい子どもにはそれができません。なぜなら、0〜10歳までの子どもは、単元ごとに**学ぶ前の「学びのための学び」をしている**から。生活の中にあるいろいろなことを体で感じ、言葉を知り、自分の身のまわりの世界を知っていく途中段階にいます。

そして、それはビンゴゲームのように、穴が開いたと思ったらふさがったり、違う分野の穴が一つ開いたら、連鎖して他の分野もパタパタと開いていったり、まったく動かない列があったりと、大人には予測不能。

大人と子どもでは、ものの見え方や考え方、そして脳の使い方がまったく異なります。もはや「別の生きもの」と思っておいた方が、腑に落ちやすいかもしれません。

あなたがもし「わが子を伸ばしたい」なら、大人のやり方ではなく、子どもの学び方に合わせてやってみる。それがいちばん効率的で、効果的なかかわり方です。さらに、子どものことがよくわかるようになります。

そして、そのやり方が身についたら、やることは意外にシンプル！

次の章からは、算数や国語などまだ「教科」という概念を知らない子どもに、いずれ算数や国語などの考え方につながるような大人のかかわり方を紹介していきます。

ここで、いくつか大事なポイントがあります。それは**「できる・できない」に着目しないこと。**そのとき子どもが興味を示したら教えてあげればいいし、興味を示さなければ「そっか、いまじゃないのか」と、あっさり終える。そのくらい**ゆる〜い気持ちで、気長にやっていくこと**です。

「いま、これを教えておけば算数が得意な子になる！」と親御さんに力が入ってしまうと、必ずといっていいほど**「できる・できない」のジャッジに向かいます。す**

ると、子どもは「試されている」と感じ、落ち着きません。

「子どもは自分で自分を成長させることができる存在」です。そこを本当に信頼してあげてほしいのです。モンテッソーリ的に言うと、親ができるのは、目の前にいる子どもをよく「観て」、そのときのタイミングに合わせ、ほんの少しの知識や言葉を渡してあげること。

毎日の生活では目で見てわかるような大き**な変化や成長をあまり感じられないかもしれませんが、やがてその積み重ねた日々の「経験」はちゃんと知性へとつながっていきます。**

いまそれがわからなくても、いったん信じてみる。**あせらず、気長に、**親子で日々の暮らしを作っていってみてください。

大人はこういうイメージだけど…
英
国
算
理
社
キッチリ
BINGO
バラバラ
子どもの学びはこんな感じ!

大人は受験勉強のように思いがちだけど
子どもの学び＝育ちはビンゴゲーム！

第1章では、世の中の変化にともない「変わっていく教育」と、世の中が変化しても変わることのない「子どもの発達のステップ」についてお話ししました。

幼児期は「何を根拠に」「何を考えて」「どう表現するか」という、のちの思考力のベースを育む時期。小学校以降の勉強は、このベースがしっかりしている子が伸びていきます。

ここからは、幼児期の大人のかかわりが、そのあとの小学校の勉強や知性を伸ばしていくのに、どのような影響を与えるかについてお話ししていきたいと思います。

第2章では、算数のベースとなる「算数的な感覚」を身につけるコツをご紹介します。

第2章

算数が できる子になる 親のかかわり方

幼児期の「算数的知育」のゴールは言葉で情景を説明できるようになること

「幼児に算数を教える」としたら、みなさんは何から教えますか?

算数の勉強と聞いて、まっさきに思い浮かぶのは計算だと思います。そして、「スタート地点でつまずいてしまわないように」と、幼児期のうちから公文などの教室に通わせたり、おうちで計算のドリルをたくさんやらせたりするご家庭があります。

じつは、この計算の先取り学習は諸刃の剣。スタート時点では「できる」という自信になるように思えますが、長い目で見ると、算数が苦手になってしまうこともよくあるからです。

計算と算数は別のもの。**幼児期から計算ができるからといって、将来算数が得意な子になるとはかぎりません。**ただ「計算という作業をしているだけ」ということもたくさんあるからです。

その違いは「数の概念がわかっていて、それを言葉で説明できること」なのですが、見た目には「計算ができる」だけに見えます。ここが幼児の成長の面白いところであり、むずかしいところでもあります。

わかりやすい例をあげると、計算はできるけれど、文章題になるとミスが多い子。「車は時速何kmで走っていましたか?」という問いに対し、何の疑問も持たずに「時速500km」などと、現実的にありえない数字を書いてしまいます。

こういう子は、数字をただ公式に当てはめているだけで、「その状況は絶対にありえない」と気づくことができません。つまり、**「その問いが持っている背景」をまったく把握できていないのです。**

大事なのは「イメージできるか」

算数が得意な子は、「算数的な感覚」が身についています。

それはたとえば「5」という数字を見て、「『5』は『3』より大きくて『7』より小さい」と言葉で言えて、「リンゴが5個」「クレヨンが5本」「友だちが5人」など、日常で触れるものがどんなものかがわかること。そして、手に持つとどのくらいの量や重さなのか、または持てないくらい大きなものなのかなどの量感を「体感」としてイメージすることができる子です。

これらの感覚は才能や遺伝ではなく、**幼児期からの「いろいろなものを見たり、触ったりした体験とその体感」で培われるものです。**この体験が十分にないまま、計算のしかただけを覚えるような先取り学習では、数の感覚は育ちません。むしろ、「数を使って考える」ことがむずかしくなってしまうのです。

幼児期の「算数的知育」のゴールは、数がスラスラ言えることでも、まわりの子よりも早く計算できるようになることでもなく、**「言葉で、自分の考えの背景を説明できるようになること」**。

それは、ものごとを考えるときに「○○だからこうだ」と、そう考えた根拠を持っているということです。算数で言うなら、「自転車で行くと1時間かかる距離だから、車で行けば20分で着くだろう」といった感覚です。

小学校の算数ではそれを計算で表しますが、幼児はその状況を「言葉」で説明できるようになることがゴールです。

簡単に言うと、「4＋2」「4－2」「4×2」「4÷2」の答えが言えるより、その式がどういう状況にあるのかを説明できるかどうかが大切。

「2×3」と「3×2」は、計算すれば同じ答えになります。でも、文章題にしたとき「2つのお皿にリンゴが3個ずつのっている」のと、「3人の人にバケツを2つずつ持ってもらう」のとでは情景がまったく異なります。それを**自分の頭の中で思い描きながら、言葉で伝えることができる。それが将来「算数が得意な子」になるための出発点です。**

背景がわかって計算している
2×3=6
3×2=6
記号として計算してるだけ
2×3=6
3×2=6
計算を記号として覚えさせるのではなく、
「イメージ」が頭に浮かぶようにしてあげる！

数は抽象概念。理解するまでにいくつものステップがある

算数の文章題には、「その計算式になるようなシーン」があります。子どもがそれを自分で言葉にできるようになるためには、そのシーンが浮かぶ経験をたくさんしているかどうかがポイントです。

たとえば、4年生の算数の授業で分数の説明をするとき、先生が黒板にピザの絵を描いて「これが4等分。4等分にするには、まず半分にして、それをまた半分にするよ」といった説明をするとします。

これは、理屈を教えるために、具体的なものを使う数え方です。それを見れば、たいていの子が「ああ、そういうことか」と理解し、だんだん計算できるようになっていきます。

これに対して、**幼児期は「そもそも分けるとはどういうことか」を知っていく時期。いつ、どんなときに分けるのか、具体的に何がどうなれば分けたことになるのか、分けたら量はどう変わるのか、などを一つひとつ、身をもって知っていきます。**

言葉にすると、1／2は半分、もう一度半分にすると1／4。

たったそれだけのことに思えるかもしれませんが、**幼児はこれを実際にやってみることで初めて「わかる」ようになります。**

実際にものを分けて「なるほど、こういうことか」と思ったことが、分数を習うときに「ああ、あのことね」となる。そこで算数の理解につながっていきます。

幼児期のおもちゃの中には、ピザや大根などがマジックテープで止めてあるおもちゃがあります。切って分けるものだから「分ける」が理解できるかというと、じつはあまり役に立ちません。

おままごととして楽しむ分にはいいのですが、いくつに分けるといった「数や量」の視点では作られていないからです。

もしこのおもちゃを生かして教えたいなら、子どもの横で「1つ、2つ、3つ（と数えながら）、3つに切れたね」といった会話をすればいいのです

豊かな体験がある
ピザ、2つに分けて食べよ！
半分ってこういうことか
ウン！
説明のためにモノを使う
これが半分というものだよ
へー

理論を教えるのに、モノを使うのは効果的。ただし、幼児には絵や図形じゃなく「具体物」で体験作りを！

が、おままごとをしている子にそんなことを言っても聞きませんよね。

まだ数える年齢に達していませんし、教えるつもりでかかわっていると、わかってる？　と子どもを確かめたくなります。それより生活の中で、「わけっこ」した方が、お互いに笑顔で過ごせます。

幼児期は、できたかどうかを試されるような学びではなく、将来**「ああいうやつね」につながる経験、つまり試される学びではなく、「暮らしの体験からコツコツ、たくさんためていく時期。**

「いつもの生活」の中で、ものを分けたり、集めたりする。そのために包丁で切ってみたり、手でちぎってみたり、ときに数や大きさが不ぞろいで、イマイチな経験をしたりしながら知っていくチャンスを増やしたいのです。子どもは、そこで**話をしたり、実際にしたことを「体感しながら」学んでいきます。**

「今日は、お父さんが飲み会で遅いから6等分にして、一人2枚食べちゃおう！」

「明日の誕生会はお友だちを何人呼ぶんだっけ？　そしたら、○等分に切ればいいね」

などと話しながらピザを分ける。それで十分知育になります。

ピザでなくても、子どもの気持ちが乗っているならお手伝いしてもらえばいいし、今日はほかに目が向いていると思ったら、「おいしかったね」で終わってもいい。いつもの生活の中で話して体験したいのです。

「具体物」から「抽象物」へ。「数える」から「分ける」「比べる」へ

大人と違って、子どもは「数字とは何だ？」「数詞とは何だ？」「数量とは何だ？」ということを、**体で感じながら知っていく途中にあります。本当に、たくさんの体験と時間が必要**です。

暮らしの中の実体験が多いと、子どもは「数や量」を充分に体験することができます。そして、体験があるから、知らないことに出合っても自分で考え、自分なりの答えを導き出していくことができる子に育ちます。

そのためにたとえば、まずはリンゴやみかんなどの実物を使って数を数えてみる。数が数えられるようになったら、人数分に分けてみる。

それから大きさや量を比べてみる、などをできるだけしておきたいのです。

まずは大人がやってみせる。そして、子どもがそれを見てまねをする。そのうち、自分ができることも増えていく。そうやって、子どもは小さなステップをいくつも踏みながら理解していきます。

数字・数詞・数量って何？

わが子が幼稚園児のうちに1から50までの数を数えられると、「わ〜、この子ってすごいかも！」と嬉しくなるのが親心。「もっと大きい数が言えるように練習させよう」「計算もやらせてみよう」と、つい前のめりになってしまいがち。

でも、子どもが1から50までの数をスラスラ数えられたとしても、ぴったり50個のモノは出せないこともあるのはご存じでしたか？

あるいは、子どもの手元にリンゴが3個しかないのに、「いーち、にー、さーん、しー、ごー……」と実際の数にはお構いなしに、口だけで数を言っているときもあります。こちらは、思いあたる方も多いのではないかと思います。

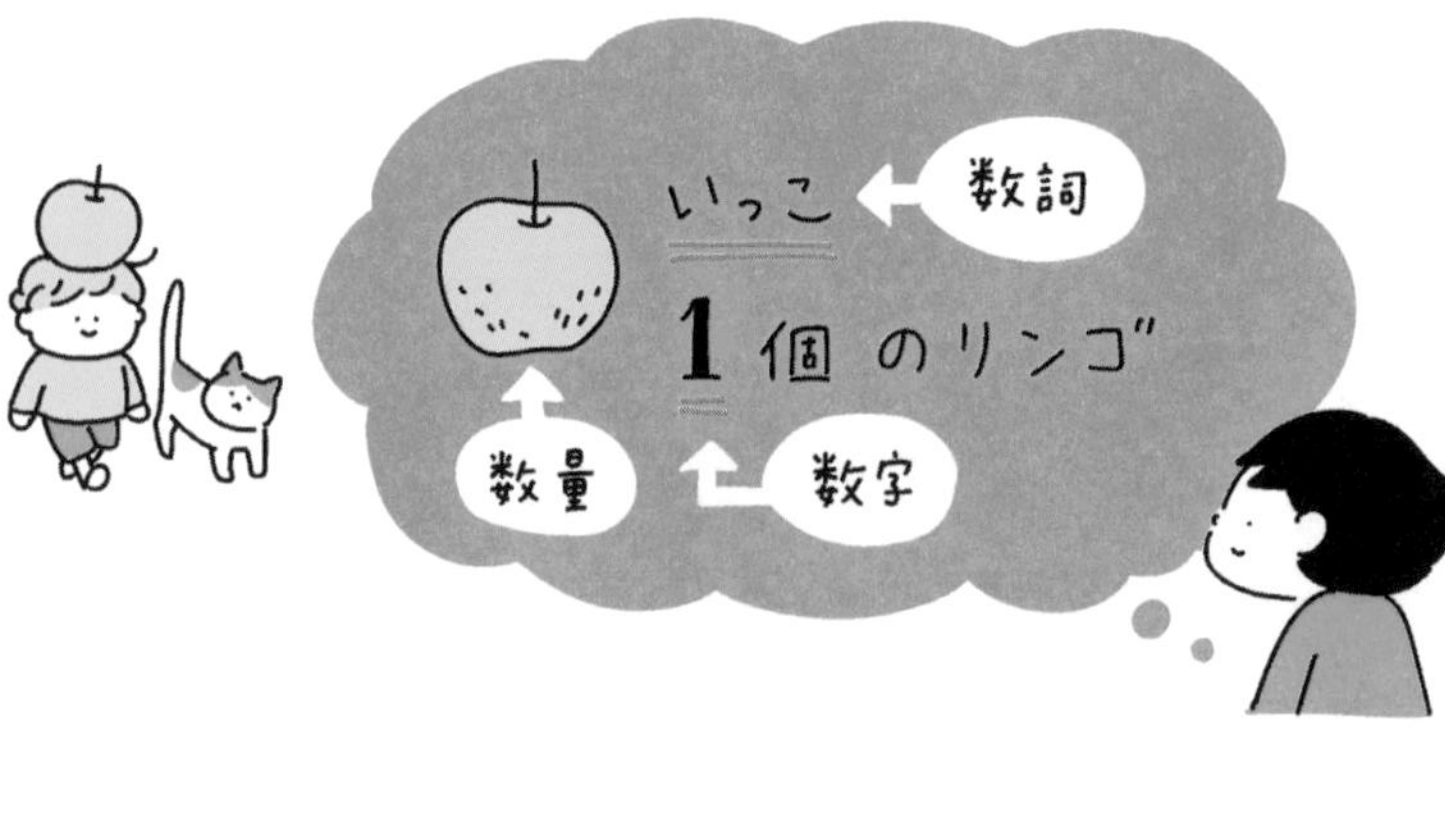

子どもは、数詞・数字・数量を別々に知っていきます。

このとき、「違う違う」と、数が合っていないことを指摘する親御さんが多いのですが、その指摘にはあまり意味がありません。なぜならそれは、子どもが「いち」と言うのと「ひとつのもの」が一致することを知らないからです。言い換えれば、**「間違っているのではなく、知らない」**だけ。なので、間違っていると言う必要がないのです。

私たち大人は1個のリンゴを指すとき、ごく当たり前のように1という「数字」と、イチという「読み方（数詞）」と、1個に見合う「量（数量）」という3つの概念を頭の中で同時に認識しています。「リンゴ1個取って」と言われたら、何も考えずに「はい、どうぞ」と一個差し出すことができますよね。

しかし、**子どもは「数字」「数詞」「数量」それぞれが一致していません。**だから、「リンゴを3個買おうね」と言っても、瞬時に「リンゴはこれ。3個まとめると、このくらいの量になる」とか、「家まで持って帰るとなると、重いだろうな」ということをまだイメージできないのです。

では、どうしたらイメージできるようになるか――？

それはもう、「ひたすら体を使って覚えるしかない」のです。

数は「数字」「数詞」「数量」の3つで成り立っている

そもそも「数を理解する」とはどういうことか?

それには、「数字」「数詞」「数量」の3つを理解することが必要です。

たとえば、「ひと～つ」と数えながら、リンゴを1個取る。これで、1つのもの（数量）と「1つ」という言葉（数詞）を知ることになります。

1という数字を見て、「いち」と読む。これで、1という数字と「1」という言葉（数詞）を知ります。

ひとつのものがあるとき、「1」という数字を書くと知って初めて、1つのもの（数量）と数字の1が結びつきます。

子どもは、何度も何度もこれをくり返しながら、少しずつ「数というもの」を知っていきます。

ほかにも、多い・少ないや、配る・分けるなどの経験から、「あまる」「足りない」「分ける」など、言葉とその状況を知っていく。この積み重ねから、算数的思考の素地が育っていきます。こうして書いてみると、けっこう地道なことだと思いませんか?

だから、算数につながる経験をできるだけ効果的で効率的に積み重ねたいなら、やっぱり日常生活で、なのです。

幼児の算数的な思考は、次の2つの要素にまとめることができます。

①子どもの中で、数量と数詞、数量と数字が十分に結びついていること

②その「もの（数量）」が動くことで、数が変わっていくことを知っていること

ここで**実態があるものは「数量」だけ。**

だからこそ、**体を使って覚える幼児には、できるだけたくさんの具体物を使ってこの「数量」を経験していることが、のちのち理解の差になっていきます。**

次のページからは、ありがちな日常でのシーンを子どもが伸びる「あそび」に変えていく会話や、親の声がけをご紹介していきます。

○数の世界を知っていく
数字
123
量
1 2 3
数詞
1 2 3
いち に さん

×数字だけ覚える
なかなか
数えられない
なあ…
1
2
3

数字を覚え始めるとうれしいよね。でも焦らないで。
量と数詞を組み合わせながらゆっくり教えてあげよう！

ありがちなかかわり方

子どもが数えるのに任せきり

シーン

1

数を数える機会を増やす

子どもが好きに数えるのに一喜一憂したり、間違いを指摘するのはもったいないよ！

「数」を理解するはじめの一歩は、数を数える経験をたくさんすることです。

ここでいう「数える」とは、「いーち、にー、さーん、しー……」とスラスラ言えるようになることではありません。**いろいろなものを数えて、「数詞（言葉）」と「数量」を一致させていくことがゴールです。**

そしてここでも「具体物から」始めます。私がおすすめしているのは、ごはんやおやつのとき。

たとえば、「箱の中からリンゴ1個取ってもらえる？」とか、何かを数えるときに一つずつ手にとって「1個、2個……」と並べてみるなど、ふだんの生活で「見せてあげる」。少ない数から始めて、子どもの様子を見ながら少しずつ、数える個数を増やしていきます。

ここでは「数詞（言葉）」と「数量」を一致させることが目的なので、数は多くても7～12個くらいで十分です。

ものを数えさせるときも、1種類のものから。数えられるよ

子どもが伸びるかかわり方

「数える」を生活習慣に！

イチゴはいくつ入ってるでしょう？
はーい！
何個あるか数えてみる人ー！
CANDY

いろいろなものを、生活の中で数えてみよう。お手伝いで「じゃがいも○個出して」などの頼み方もおすすめ。

うになってから、数えるものの種類を増やしていきます。増やすといっても、年長の夏くらいで2〜3種類が交じったものを別々に数えられる。それくらいゆっくりで大丈夫。

子どもが数を数えることに慣れてきたら、生活の中にあるいろいろなものを数えてもらいましょう。そのときに「さぁ、この数を数えてみて」と子どもを試すのではなく、「この袋の中には赤いアメと黄色いアメが何個ずつ入っているんだろうね〜。同じ数なのかな？」などと、遊び感覚でやるのがポイント。

または、ごはんを作るときに「今日はカレーだよ。冷蔵庫の中からジャガイモを3個出してくれる？」、スーパーに買い物に行ったときに「4本入りのニンジンを持ってきてもらえるかな？」などと、子どもにお手伝いをお願いする。そうやって、**数を数える機会をどんどん増やしていきます。**

そしてもし、お子さんがそれ以上の数を数えたがるようなら、それは数を「数えたい」という時期。おはじきや大豆など、たくさん数があるものを用意するチャンスです。

ありがちな
かかわり方　ただ手伝うだけ

シーン
2

どっちが多い？　少ない？　を体感する

大人が全部やってしまい、子どもは
思ったことを言っているだけの状態。

子どもに配膳や取り分けのお手伝いを頼んだとき、何かが多かったり少なかったりすることがあります。

そんなとき、「お母さん、唐揚げないよ〜」と子どもが言えば、「ごめん、足りなかったね」と、お皿に足して一件落着になりがち。大人にとってはその方が断然スムーズです。

でも残念ながら、それでは子どもの算数的思考は伸びていきません。**足りないものがあるときは、ひと会話するチャンス！**

知っておくといいのは、**子どもが理解しやすい聞き方（言葉）があることです。**まず**は「どっちのお皿の方が多い（少ない）？」**と聞いてみることから。「当たり前でしょ！」と思うかもしれませんが、次の2つがポイントです。

① 多い方から聞く
② 数を数えるのはその次

子どもが伸びるかかわり方

量がわかる言葉で伝える！

数が数えられるようになったら、量を言葉にして伝えてもらおう。たとえば「何がいくつ足りない？」と聞いてみて。

2つのモノが並んでいたら、まずは「どっちが多い？」と聞いてみてください。子どもにとって、目に入るモノが多い方が答えやすいからです。「多いとはこういうこと」と理解できるようになると「どっちが少ない？」もわかるようになってきます。

その次に、数が数えられる子には「何が何個多い？ 少ない？」と聞くこともできます。

あくまで**数を聞くのは、数を数えられるようになってから。**「どっちが多いか・少ないか」より、「何が何個多い・少ない」の方が子どもにとってはむずかしいのです。

そして、**もし早くわかる子になってほしいなら、何歳からでもいいので、まず大人が子どもに「○○が△個多いね」と話しかけることでだんだんわかってきます。**独り言のような感じでもいいので、まずは親から話すことが大切です。

急がないでくださいね。比べるものは2種類まで。言葉も、「多い・少ない」のみ。そんなシンプルな聞き方の方が、子どもがわかりやすく伸びやすい。そして、子どもの様子がわかりやすくなります。「何個足りない？」と聞くのは、年長の夏ぐらいからで十分です。

ありがちな
かかわり方

ただごはんを待って
食べるためだけの時間

シーン
3

対・用途が同じ、○○の仲間で考える

大人が準備を全部やってあげてしまうと、子どもは待って食べるだけの時間に。

子育ての中で、食事は大切な時間。健康に育ってほしいから何でも食べてほしいし、しつけを考えるとキレイに食べるように教えたい。でも、早く食べさせないと幼稚園に遅れちゃう……など、大人は「食べさせること」に気持ちが向きがち。

そんな雑多な日々の時間を、算数のセンスを育てる時間に変える方法があります。**親御さんだけが頑張るのではなく、子どもにも手伝ってもらうのです。**

たとえば配膳は、小さな子どもに任せやすく、「数」を理解するのにもってこいのお手伝いの一つです。

私たちの生活の中には、お茶碗とみそ汁椀とお箸、コップとストローなど、**必要なモノがセットになっているものがあります。そういう対になっていたり、用途が同じモノを子どもに用意してもらう**のです。それにより、バラバラのものを一つの仲間として考える習慣が身につきやすくなります。

子どもが伸びるかかわり方

「セット」を教える機会に！

配膳は、量の感覚を身につける絶好のチャンス！
「セット」組みで、何があれば足りるか考えてもらおう。

初めは、何と何がセットになっているのかわからないので、セットにしたものを見本として見せて「これと同じように机に並べてもらえるかな？」と頼みます。いきなり全部並べるのがむずかしそうなら、お茶碗だけなど一つを並べてもらうことからはじめ、徐々に増やしていきます。

この経験の積み重ねでは、「セット＝多くの数」がどうなっているかを考える下地を作ります。そしてもし何かが足りなければ、いずれ「何がいくつ多い（足りない）」という会話になっていきます。

そしてやっぱり、ここでも言葉に着目。**配膳を任せていて、抜けや欠けがあったとしても、できていないことを言うより、「あれ？お茶碗が一つ多いね」「コップが一つ足りないね」と伝えてあげるようにします。**幼児にとって「足りない」という表現は、「多い・少ない」よりも理解がむずかしい言葉です。

だからまず、大人が会話の中で使って見せる。そして子どもが「多い・少ない」を理解できるようになったら「いくつ足りない」と聞いてみるようにしましょう。

ありがちな
かかわり方　「分ける」体験がない

シーン
4

分けると一人いくつ？全部で何個必要？

「分ける」を生活の中でやっていないのに、
いきなり割り算を考えさせたりしてない？

子どもたちにおやつを出すとき、あと片づけのお皿が増えるのが面倒で、大皿に入れて「はい、どうぞ」と出してしまうことってよくありますよね。でも、せっかく数人が集まったなら、子どもたちに「分ける」を経験してもらうチャンス！

人数分のお皿（分ける先）と、いちごが入ったボウル、おせんべいが入っている袋など、分けるものをまとめて用意しておき、「Aちゃんはいちごを分けてね」「Bくんはおせんべいを分けてくれるかな？」などと、それぞれ担当を決めるのです。そして、一個ずつお皿に入れてもらいましょう。

初めはあまりが出ない数を用意しておき、分ける人数分のお皿を用意して、一個ずつ入れていってもらいます。一周したら、また最初から一つずつ配ります。

大人が「一人○個配ってね」と言うこともできますが、**ここにあるカタマリを人数で分ける**、つまり**「同じ数に分けるってこういうことなんだ」**と、**わり算を理解するための下地作り**な

子どもが伸びるかかわり方 「必要なだけ分ける」体験を！

いきなり「〇個に分けて」ではなくて、分ける数だけお皿を置いて1個ずつ入れていってもらうといいよ。

ので、指示しないことをおすすめします。

袋菓子など、もとの数がわからないときは**あまったり、足りなかったりする**こともあります。そうしたら、**「あれ？一個あまっちゃったね」でおしまい。**初めのうちは、あまりの数を教えようなどと欲を出してはダメですよ。

数に十分親しんだ子どもなら、「何個多い（少ない）ね。みんな同じにするなら、あといくついるかな？」と、聞いてみることもできます。

ちなみに、子どもにとって「いくつ必要か」を考えることは、とてもむずかしい問いです。理解できるようになるのは、年長の夏以降くらいから。小さいうちから子どもに教え込もうとしたり、試そうとすると、算数嫌いな子どもになってしまうことがあります。先を急がず、大人がやってみせる方に注力を。

大事なのは、**早く計算ができるようになることではなく、『分ける』とはこういうことなんだ」と、子どもが情景をイメージできるようになること。**あせらずゆっくり「文章題を解ける力を育てる」つもりで見ていくことが大切です。

シーン
5

「逆転の思考」で消えたものを理解する

ありがちな かかわり方　飲ませるだけ

水分補給の時間は１日に何度もあるものの、忙しいし、ただ飲ませて終わりになりがち。

子育ての日々は、ごはん作りや掃除などの家事に追われて、タスクをこなすことに目が向きがち。子どもにさらに手をかけるなんてムリ！　と思うかもしれませんが、いつもの暮らしにちょっと言葉をそえるだけで、子どもをムリなく伸ばせる場面がたくさんあります。

たとえば、モノの見方が逆になる「逆対応」（算数的な思考の一つ）を見つけたとき。

コップに入ったジュースをたくさん飲んだから、残ったジュースが少ないとき。大人から見れば当たり前のことですが、子どもが「消えたものを理解する」「見えないものを理解する」には、ちょっと時間がかかります。

子どもは、目に見えることから理解していきます。だから、**「多い・少ない」なら「多い」の方に目が向きます。**

たとえば、親子で同じ大きさのコップに同じ量のジュースを入れて、一気に飲んだ子どものコップに残った量はほんの少

子どもが伸びるかかわり方

「減る」について会話する!

パパのジュースの半分になったね
減っちゃった!

量が少なくなったのは、飲んだ量が多いということ。
会話することで、結びつきがわかるようになっていくよ。

しというとき。「ジュースをたくさん飲んだのはどっち?」と聞くと、多く残っている方のコップを指す子がいます。それは、見た目が多い方が「多い」と思っているからです。

「ジュースをたくさん飲んだら、コップに残っている量は少なくなる」。**見えているものと聞かれていることが反対だとわかるためには、言葉に含まれる背景の理解が必要。**ちょっとしたことですが、そんな会話をした子の方が理解が早いです。

親子でお茶を飲んだときなどに「たくさん飲んだね〜。お母さんのコップと比べっこしてみようか。○○ちゃんの方が、お母さんよりこんなにたくさん飲んでるよ」と、その差を指でさして見せてあげる。それだけで、子どもの「知ってる」が増えていきます。

ほかには「ロウソクは短い方が、火が灯っていた時間が長い」「ハンドクリームは少ない方が、たくさん使っている」なども同じ。これを「知育のため」とあらたまって教えるのは大変です。だから、日々の暮らしの中で「たまたま」そういう場面があるときに、ひと言そえる。その方がずっとカンタンです。

シーン

6

算数セットをそろえる前に、まず実体験を

ありがちなかかわり方　**教材をつめ込む**

楽しそうに数えていると嬉しいよね。もっと興味を持たせようと親はあれこれ用意しがち。

突然ですが、「概念化」とは何でしょう？

それは「○○は△△なもの」と言えるようになること。小学校入学前の子どもは、実体験を重ねる中で、自分の身のまわりのものごとを言葉にしながら概念化していきます。そして、「そういうことか」と、納得しながら考える力を育てていきます。

なので、やっぱり実体験が大事。体験といっても、パズルや算数セットなど、知育によさそうなものを早くから揃えて教えるのとは少し違うのです。

次の①〜③のように、子どもには理解できる「順番」があって、その理解はとてもゆっくり進んでいきます。

① 立体→平面（絵・カードなど）
② 具体物→半抽象（絵・カードなど）→抽象（言葉や数字）
③ リアル（写実）→デフォルメ（簡略化したイラストなど）

子どもが伸びるかかわり方

時間をかけて抽象化！

1. 写真
2. リアルな絵
3. シンプルな線画
4. ただの丸
4人ってこういうこと！
そっか!!

教材で学ばせようとするより、身近なものを抽象化して数の感覚を知っていくことが大切だよ。

0～10歳の子どもは、体で覚えていきます。だから、**まずは立体的な具体物を使う方が、理解が早いです。**リンゴなら、まずは実物のリンゴを知る。そしてやがて、絵やカードの絵が本物のリンゴと同じものだと理解していきます。

算数セットは、いきなりリンゴの絵のカードやおはじきを使うため抽象度が高く、小さな子どもには理解がむずかしい場合があります。そして、実体験が少なくなりがち。

「数を言えるようになったから、次は算数セット」などと、どんどんやらせていけば、算数が得意な子になるかも！と期待してしまいますが、子どもの成長ステップを置き去りにした先取り学習は、そのときはわかったように見えて、じつはムダなことも。自分の体を使って「そういうことか」と理解していないので、本当の理解にならないことも多いのです。

何かをするときは、その、していることに言葉をそえるちょっとした見方や成り立ちを話してあげる。**すぐに子どもに響くかどうかはわからなくても、その積み重ねはやがて、確実な「ものの理解」へとつながっていきます。**

「大きい、小さい、中くらい」の世界

ありがちなかかわり方　最初から正解を求める

まだ「積み上げる」にチャレンジ中の子どもに、
指示したり、手を出したりするのはちょっと早いよ。

子どもが何かを並べているとき、よく見ていると、大小の順に並べだすときがあります。そうしたら、親子でのモノの扱いと言葉遣いを〝少し意識して、ていねいにしていく〟時期。

つい「あの大きいの」などと言いがちですが、**「○○より大きい」という伝え方をしたり、モノの端をそろえて置いたりするだけで、モノの大小や「含む・含まれるモノ」を考えるときに子どもが頭の中を整理しやすくなります。**

「比べる」というのは、何らかの基準があるということ。それがわかるには、子どもの言葉の発達も関係します。

知育のゴールは自分の言葉で言えることですが、「なるほど!」とわかってくるのは、年長さんになってから。それまでは、大人がていねいに伝えていく必要があります。

たとえば、モノを比べるときには「大きい・小さい」「長い・短い」「重い・軽い」など、**対になる言葉を使うようにする。そうすると、比べる経験がたくさんできます。**

子どもが伸びるかかわり方

実際に見ながら言葉にする

積んだ方から
小さく
なっていくね
できた！
だんだん
小さくなる
だんだん
大きくなる

「積み上げる」ができるようになったら「大きくなる」「小さくなる」を言葉で伝えてOK。実物を見ながら言うのが大切！

まずは、2つのものを比べるように意識してみる。「どっちが大きい？」「どっちが長い？」などと2つのものを比べ、だんだん比べる数を増やしていきます。

大きさがまちまちなものを順番に並べたり、積み重ねたりする。大人からすれば簡単なことでも、子どもにとっては「複数のものを比べ」「順番に並べる」という2つの要素が入ってくるので、成長を待つ時間が必要になります。

たとえばお皿を重ねるとき、「どっちが大きいかな？」「あれ？　大きい順に重ねるとだんだん小さくなっていくね」などと話しながら、大人が見せていきます。

ここでは「できるようになること」ではなく、**子どもがモノの見方を体感できることが目的。**小学校受験のペーパーテストのために「ほら、こっちの方が大きいよね」と教えても、「比べる」経験を十分していない子にはピンときません。子どもが「そういうことか」と理解できるようになるまで、見たりやったりするチャンスを増やしましょう。

ありがちなかかわり方　「大きい」と表すだけ

シーン8 どこから見て大きい？ 小さい？

何かを指すとき「アレ」「ソレ」と言ってしまうのも、ちょっと注意が必要だよ！

「ほら、見てごらん。大きなゾウさんだね～」

「あら！小さなかわいいお花が咲いてるね」

子どもとの話の中で「大きい」「小さい」はよく使う言葉です。感動したりびっくりしたときは別として、ふつうに大きい小さいと言うときは、「視点をはっきりさせる」と、子どもの気づきが変わってきます。

言わなくても親子の会話としては成り立ちますが、「何と比べているからどうか？」「どこから見ているからどうか？」など、**比べるものがあるから「大きい・小さい」があることを伝えてあげる。**それだけで、算数的な思考のベースがグンと育ちやすくなります。

モノの大きさは相対的なものなので、比べるモノによって表し方が変わります。2つのモノを比べるだけなら「大きい・小さい」でいいのですが、3つ以上になると、「大きい・小さい・中くらい」となります。そして同時に「どっちから見て、

子どもが伸びるかかわり方

「何と比べて大きいか」で表す

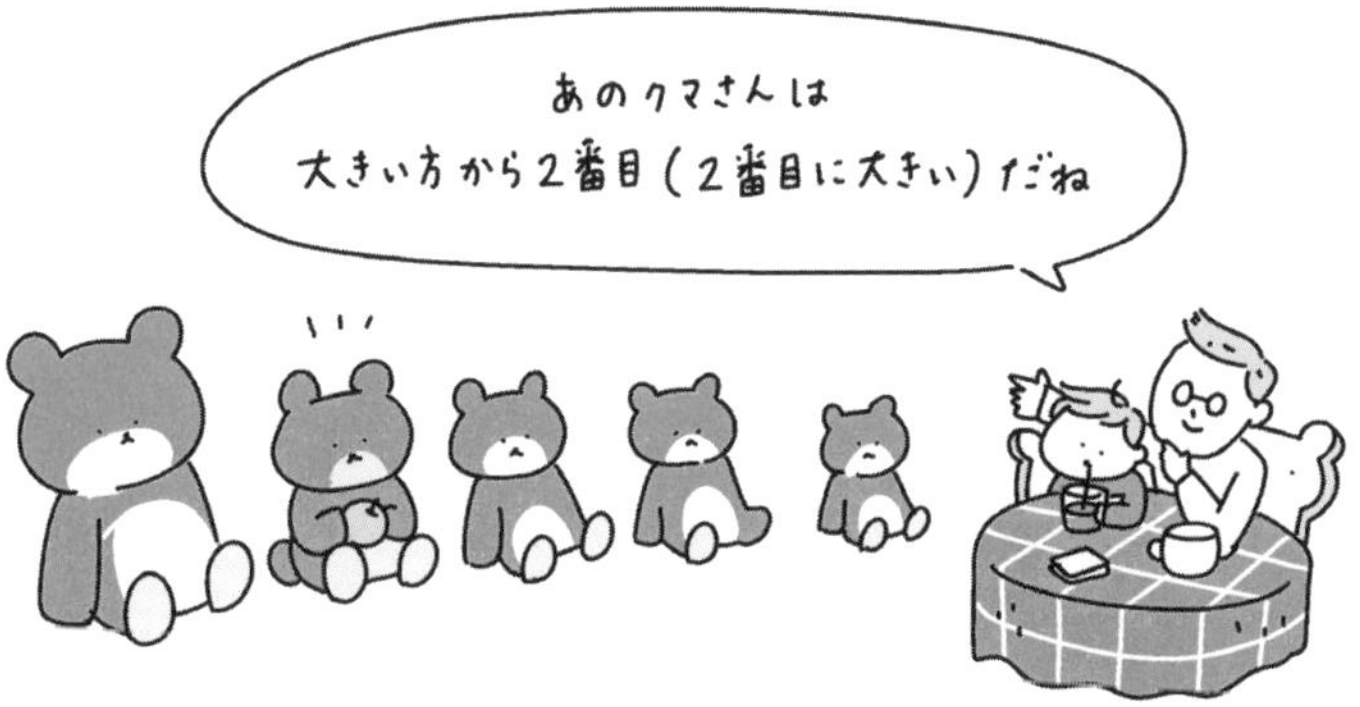
あのクマさんは
大きい方から2番目（2番目に大きい）だね

どこから見るかで、大きさって違うよね。
比べたものを相対化して言葉にするのが大切！

何番めに大きい（小さい）」とも言うことができます。

そして、子どもが大小の順に物を並べたときには、「上手に並べられたね」とただほめるだけでなく、ぜひ、「これはどこから見て何番めだね」などと伝えてあげてください。このようなちょっとした会話があるだけで、子どもの中で大きい・小さいがさらに意味を持っていきます。

たとえば、ものが5つ並んでいたとして、「大きい方から2番め」は、小さい方から見たら4番めに小さいことになります。「どこから見て何番め」という概念は、最初はピンとこない子もいますが、じわりじわりと理解していきます。「どこから見るかで違ってくる」という**相対的な見方を知ることは、算数的な思考力を身につけることだけはなく、3章で紹介する国語の力をつける会話にもつながります。**

「知育＝何かをさせる」のではなく、まずは日常の会話を変えてみる。日々の会話のちょっとした言葉を変えるだけで、子どものモノのとらえ方が変わっていきます。

ありがちなかかわり方　漠然と指示してしまう

シーン 9

○○より大きい・小さい

こういう指示でも子どもはわかるけど、もう一歩、いい言葉選びができるはず！

「そこの本棚にある絵本を全部持ってきてくれる？　それ！　それだよ。違う、それだって！」

子どもに何か指示を出すとき「あれ」や「それ」ですませていませんか？　親子間だと何となく通じてしまうので、それでよしとしてしまいがちですが、もう少し言葉をそえることで、ぐっと伝わりやすくなります。

そして、そんな会話をしていると大人相手にも、わかりやすい言葉で正確にものを伝えることができるようになります。子育てバンザイ！

「どっちが大きい・小さい」「どこから見て何番め」の理解ができるようになったら、「～より大きい・～より小さい」の世界の始まり。

「～より大きい・～より小さい」など、ある基準を境に複数のものが含まれる場合があります。大人からすれば当たり前のことですが、幼児期の子どもにはこの**「複数ある」ことを理解す**

子どもが伸びるかかわり方

数がわかる話し方をする

複数あることをわかりやすく指す
これより小さいの全部

「○○より」と言うときに、当てはまるモノが複数あることをしっかり見せながら話すのがコツだよ！

るのがなかなかむずかしいのです。

「何番め」のように何か一つを指すときには「これだ」と確信できても、「〜より大きい」となると、初めは「えっ？」と戸惑います。「複数ある」ことがピンとこないからです。

子どもに「〜より○○」の世界を教えるときは、実物を見ながら「ここからこっちの大きいのをぜんぶ取るよ」と、「全部取る」ことを見せてあげる。くり返し見せると「1個だけじゃなくてたくさん取るんだ」ということを学んでいきます。

同じように、牛乳パックとポテトチップスでは、大きさではポテトチップスの方が大きいけれど、重さは牛乳より軽いなど、「見た目と体感が違うものがある」ということも、実際のものに触れながら、言葉としても伝えることがおすすめ。

ひと口に**「大きい」といっても、大きくて重い、大きいのに重いなど、日常生活にはたくさんの「大きい」がありますよね。**子どもが暮らしの中で実際に体感したときに、ちょっと話す。それだけで、子どもの世界はどんどん広がっていきます。

ありがちなかかわり方　「ウチ流」の感覚で暮らす

シーン
10 言葉づかいや所作で子どもの理解が変わる

甘い方が好き
甘くないのも いいよ
濃いカルピス
薄めのカルピス

相対的な表現と、暮らしの中の言葉がズレている。
小さなことに思えて、じつはけっこうもったいないんだ。

教えているのに子どもがなかなか理解しないときや、意味は通じているのに、聞いていることに対して正しくない言葉が返ってくるときは、**子どもではなく、大人に原因があることがあります。**

あるおうちで実際にあったお話ですが、おやつの時間、いつものように子どもの好きなカルピスを出しました。

「今日はちょっと濃かったかな？」と聞くと、子どもは「うん、今日は甘いね」。お母さんが「濃いかどうかを聞いているのよ」と言った瞬間、「そうか！『(味が)濃い・薄い』という言葉を教えていなかったんだ」と、我に返ったといいます。

小学校に上がる前の子どもは、多くの時間をおうちで過ごすので、おうちの言葉がその子の常識。そして、その子の世界の表現になります。

子どもは、自分が聞いたことがない言葉を自然に発するようにはなりません。**「あれ」「それ」などの短い言葉**や、**「ウチ**

子どもが伸びるかかわり方

正しい感覚が育つように暮らす

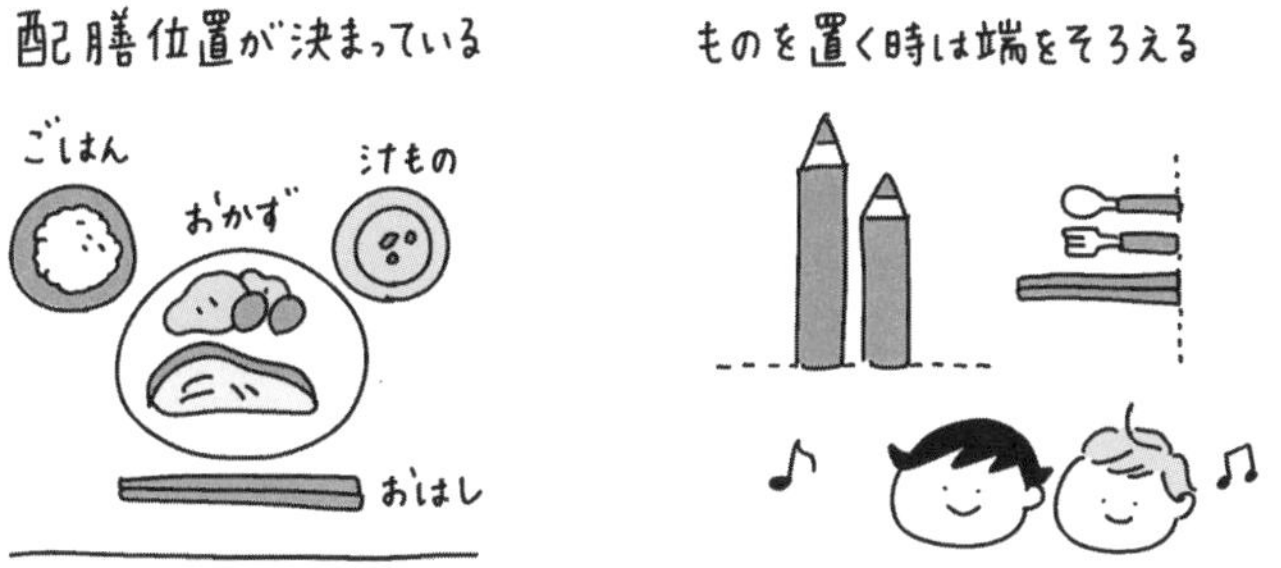
配膳位置が決まっている
ごはん
おかず
汁もの
おはし
ものを置く時は端をそろえる

たとえばものが「いつも揃っている」と数や長さが比べやすい。
小さな配慮が、子どもにやさしい環境を作るよ。

流」の会話ばかりだと、家族の間では意味が通じても、一歩外の世界に出れば通じなくなることもあります。だから、**ときに正しい言葉や、いろいろな表現を意識して話すことも大切に。**

親御さんの話す言葉が「これ」「あれ」の指示語ばかりだったり、モノの扱い方が雑だと思うときは、少し変えてみるのもおすすめ。全部を変えるというのは無理だとしても、「これをする」というのは決められます。

たとえば、食卓にお茶碗とみそ汁椀、お箸を並べるときに位置を整える。何かの長さを比べるときは、端をそろえて比べるなど、ほんの少しの「ていねいさ」を習慣として心がけることで、それを見て学んでいく子どもも理解しやすく、マナーや所作のていねいさも身についていきます。

子どもに何かを教えるというと「何かをさせる」ことばかりに目が向きがちですが、**子どもが理解しやすいように、大人がものの扱いを整えたり、見本を見せる**など「どうすれば理解しやすくなるか」を考えてあげる方がずっと大切。すると、大人も自然に「ちょっとていねいな暮らし」になっていきます。

第2章では、おうちで簡単にできる「算数的な感覚」を身につけるコツをご紹介しました。

私たち大人が、ふだん当たり前に使っている「数」（＝数字・数詞・数量）やそれを表す言葉も、子どもが理解するまでには時間がかかります。毎日の生活の中で、ゆっくり楽しみながらやっていきましょう。

第3章では、国語のベースとなる「聞くこと」と「話すこと」を育てるおうちの過ごし方をご紹介します。「国語って読み書きが大事じゃないの？」と思った親御さんもいるかもしれません。でも、言葉を聞いて、わかって、話すことのほうが大切。

そして、その言葉をだれが教えてあげるのかというと、それはやっぱり親御さんなのです。

第3章

国語が できる子になる 親のかかわり方

幼児期の「国語的知育」のゴールは聞いてわかること・話せること

「国語ができる子」と聞いて、どんな状態をイメージしますか？

小学校に上がる前にひらがなやカタカナが書ける、絵本を自分で読むことができるなど、「文字の読み書きができる子」を想像する方が多いように思います。

だから、幼児期からひらがなやカタカナを覚えさせようとする親御さんがとても多いし、実際、幼児向けの知育玩具やドリルもたくさん売られています。

でも、ひらがなもカタカナも、遅かれ早かれ小学校に上がれば書いたり、読めるようになります。なので、本当はそんなに急ぐ必要はないのです。

それより、幼児期に育んでいきたいのは、「聞くこと」と「話すこと」。

「『聞く』『話す』なんて、自然に身についていくものじゃないの？」と思われるかもしれません。でも、学校で問われるのは**「相手が何を言っているのか」を理解していて、「自分の言葉で」話すこと。**そして、その力は子どもが自分で見たり聞いたり、言葉にしてきたものの中から、少しずつ身についていくものです。

幼児の知性の始まりは、いつも体験から。そして、子どもがいちばん多く学ぶのは、やっぱり親御さんとの「暮らし」からです。

言葉をなめらかに話せても、「なぜ?」と聞かれると答えられない

0～10歳までの子どもは、体を使って感じたことから身のまわりの世界を学んでいきます。そして、そのときどきにかけられた言葉や会話で「これはこうなんだ」と、ものごとの秩序や成り立ちを知ることで自分の世界を広げていきます。

だから、この時期にた～っぷり言葉を渡してあげたいもの。つい「正しさ」にこだわりがちですが、「正しさよりたくさんのチャンス」です。

お受験をするご家庭には、早いうちから幼児教室に通うことでいろいろなことを知っていたり、

読む
書く
聞く
話す
親が伸ばすべきは
こっちのチカラでしょ!

読み書きは上手なのに、意味がわかっていない大学生や社会人が増えていると言われているよ。

大人が感心するような受け答えができる子がいます。

でも、そういう子の多くは、知識はスラスラと答えられても、「どうしてそう思ったの？」と、その子が答えた理由を聞くと、黙ってしまうことがよくあります。

それは、**先生や親御さんが教えた言葉をまねして言っているだけで、自分の体を通して理解できていないから。**

大人でも、話していることは立派に感じても、深く聞いてみると中身がスカスカだったり、説得力に欠けていたりして「どこかで借りてきた言葉を使っているな」という人っていますよね。

ここで、思い出してください。**いまの時代は、「自分の考えを自分の言葉で伝える力」を身につけていくことが教育の目標**になっているのです。

幼児期の「国語的知育」のゴールは、文字の読み書きではなく「これはこうなんだ」と自分なりに理解し、自分の言葉で話せるようになること。そのためには、体感＋言葉を知る体験が必要です。

なんだかむずかしいことのように感じるかもしれませんが、要は自分が見たり聞いたり思ったりしたことを、自分の言葉で話せるようになりたいのです。

ただ、話すといってもおしゃべりとは少し違います。なめらかに話す必要もありま

郵便はがき

料金受取人払郵便

新宿局承認

3345

差出有効期間
2025年9月
30日まで

163-8791

999

（受取人）

日本郵便 新宿郵便局
郵便私書箱第330号

（株）実務教育出版

愛読者係行

フリガナ お名前		年齢　　歳 性別　男・女
ご住所	〒	
電話番号	携帯・自宅・勤務先　（　　　）	
メールアドレス		
ご職業	1. 会社員 2. 経営者 3. 公務員 4. 教員・研究者 5. コンサルタント 6. 学生 7. 主婦 8. 自由業 9. 自営業 10. その他（　　）	
勤務先・学校名		所属（役職）または学年
今後、この読書カードにご記載いただいたあなたのメールアドレス宛に実務教育出版からご案内をお送りしてもよろしいでしょうか		はい・いいえ

毎月抽選で5名の方に「図書カード1000円」プレゼント！

尚、当選発表は商品の発送をもって代えさせていただきますのでご了承ください。
この読者カードは、当社出版物の企画の参考にさせていただくものであり、その目的以外には使用いたしません。

■愛読者カード

【ご購入いただいた本のタイトルをお書きください】

タイトル

ご愛読ありがとうございます。

今後の出版の参考にさせていただきたいので、ぜひご意見・ご感想をお聞かせください。

なお、ご感想を広告等、書籍の PR に使わせていただく場合がございます（個人情報は除きます）。


……………………………該当する項目を○で囲んでください……………………………

◎本書へのご感想をお聞かせください

・内容について	a. とても良い	b. 良い	c. 普通	d. 良くない
・わかりやすさについて	a. とても良い	b. 良い	c. 普通	d. 良くない
・装幀について	a. とても良い	b. 良い	c. 普通	d. 良くない
・定価について	a. 高い	b. ちょうどいい	c. 安い	
・本の重さについて	a. 重い	b. ちょうどいい	c. 軽い	
・本の大きさについて	a. 大きい	b. ちょうどいい	c. 小さい	

◎本書を購入された決め手は何ですか

a. 著者　b. タイトル　c. 値段　d. 内容　e. その他（　　　　　　　　　　）

◎本書へのご感想・改善点をお聞かせください

◎本書をお知りになったきっかけをお聞かせください

a. 新聞広告　b. インターネット　c. 店頭（書店名：　　　　　　　　　　）
d. 人からすすめられて　e. 著者の SNS　f. 書評　g. セミナー・研修
h. その他（　　　　　　　　　　）

◎本書以外で最近お読みになった本を教えてください

◎今後、どのような本をお読みになりたいですか（著者、テーマなど）

ご協力ありがとうございました。

せん。たどたどしくても、「これは○○でね、……△△だからこう思ったの」などと、そう思ったプロセスや思いを伝える経験を積んでいく。それは、子ども本来の育ちに必要なだけではなく、いまの時代に必要とされる「思考力」や「表現力」を育むはじめの一歩にもなります。

第1章でもお伝えした通り、これからの時代は「私はこう思う」「ぼくはこう思う」「じゃあ、あなたはどう思う？」と、お互いの思いを伝え合う時代。勝ち負けや正しさではなく、意見の違う人同士みんなで、アイデアを出し合って問題を解決する社会になっていきます。

こうした社会で生きていくには、**まずは自分の意見がしっかりあることが大切。そして、そのベースになるのが、0～10歳までに暮らしの中で得た「体感」と「言葉」、そして「話を聞いてもらえた」という経験なのです。**

大切なのは「自分を表現する」こと。つたなくてもいいので、プロセスや思いを語る力を育てよう！

まずは大人から。子どもにわかりやすく伝える人になる

小学校受験では、お子さんの面接があります。

「好きな食べ物は何ですか？」「家族と出かけて楽しかったことは何ですか？」「お友だちとけんかをしますか？」など、子ども自身が経験したことや感じたことを面接官が子どもに聞きます。

「しっかり受け答えできた方が、面接官の先生に好印象を与えるから」と、親御さんたちはその対策に力を入れます。もし子どもがうまく答えられなかったり、たどたどしく話していたりすると、「ちゃんと話さないとわからないよ」などと、こわい顔で子どもをしかる親御さんもいます。

でも、長年幼児教育に携わってきた私から見ると、話せない原因は子どもではなく、むしろ親御さん自身にあることの方が多いのです。

それは、「自分自身について親子で伝え合う経験が少ない」から。

「○○しなさい」「○○と言われたらこう話すのよ」と、正しそうな答えを教えるだ

けで、子どもが自分のことを言葉にする機会を与えていないご家庭が多いのです。

つまり、**「人の話を聞くこと」と「自分が話す（聞いてもらう）」経験が足りないということです。**

言葉のモデルは、家庭にあります。

子どもは、親子で会話してきた以外のことを話せるようにはなりません。

そこで、親御さんに求められているのは、たとえば「すごい」「やばい」「まじで？」といったカジュアルな言葉の裏に含まれるニュアンスを、具体的な日本語にすること。そして、それを子どもに伝えていくこと。

まず、親御さんが自分のことを自分の言葉で話す。すると、子どもも少しずつ、自分のことを自分の言葉で話せるようになっていきます。

家庭のちょっとした会話と生活体験の積み重ねが、その子の表現力を育てていくのです。

私は
こう思う
この子、
すてきだね
お母さんも
こんなことが
あってね

教える目線じゃなくて人として話す。気持ち・願い・できごとなど、ひとつのことを多方面から話すのがコツ！

子どもは言葉を知らない存在。暮らしの中で知っていく

幼児の国語的知育のスタートは、なんと言っても「話す」ことから。

赤ちゃんに「ほら、リンゴだよ。赤いねえ」などと、ものの名前や色を教える方は多いのですが、そこで終わってしまいがち。ぜひ、もっと多くのことをお話ししていってほしいのです。

目に見えることだけでなく、それに関係すること、たとえばリンゴなら「リンゴの木はね、こんなふうになっているんだよ」「リンゴはね、そのままで食べてもおいしいし、焼いて食べてもおいしいんだよ」などと、いろいろな角度から話をしてあげる。**そして、それを子どもの年齢に関係なく日常の会話にする。それが新しい言葉や表現に出合うきっかけとなり、子どもの世界を広げていきます。**

そのとき、**言葉だけで伝えるのではなく、一緒に何かをする＝体験とセットになっていると、より理解しやすくなります。**これって、ほとんど日常生活でできることだと思いませんか。

くり返しになりますが、0〜10歳までは、体験しながら言葉を身につける時期。日々の生活の中で見聞きしたこと、だれかと話したことから、自分が感じたことを「言語化」＝言葉にする練習をしている時期だと思ってみてください。

まだまだ言葉を知っていく時期だからこそ、大人が自身の知っていることや感じたこと、考えたことを日常で子どもに伝えることから始めてみてほしいのです。

子どもに「自分の知っていること、感じたこと、考えたことを話していいんだよ」というだけでなく、まず大人がそれをやってみせる。

お手本というとプレッシャーを感じるかもしれませんが、正しいことを言わなきゃ、ステキな言葉を使わなきゃなどと思わなくて大丈夫。

「今日ね、あなたが幼稚園に行っている間にこんなことがあったんだよ」と、起きたできごとを話すのでもいいし、「お母さんは、○○だと思うな」と自分の気持ちを伝えるのでもいいし、「明日は運動会だから、お天気になるといいね」と自分の願いを話してみるのでもいい。

先生や人生の先輩としてではなく、一人の「人」として、自分のことを話してみてあげてください。

「人に伝わるように話す」は、もっと大きくなってからの課題

ところで、**できごとについて話すことは、意外にむずかしい**って知っていましたか？

話すためには覚えておかないといけないし、気持ちや考えをきちんと伝えるには、なぜそう考えたのか、理由や根拠を説明しなくてはなりません。

この**「なぜそのように考えたのか」のプロセスを言葉で説明するのはなかなかむずかしく、大人でも苦手という人はたくさんいます。幼児であればなおさら。**だから、誰もが初めはたどたどしい言葉になります。それでいいのです。

まず、話すこと自体を大切にする。**「伝えたいことがあるなら、たどたどしくてもいい。恥ずかしがらずに伝えていい」ということを知ってもらう。**「人に伝わるようにわかりやすく話す」のは、もっと大きくなってからの課題。幼児が目指すゴールはそこではありません。

幼児期に身につけていきたいのは、言葉を身につけながら、「これはこうなんだ」「こうだからこうなんだ」「こうだからこう思う」と、**ものごと**

○○は？
で？
ちゃんと言わないとわからないよ
エット…
話し方チェック

「わかるように話す」を幼児に求めないで。
それはもっと大きくなってから取り組めばいいんだよ。

の筋道を考えたり、言葉にして伝えたりする経験を積み重ねていくこと。

これを小学校に上がるまでの6年間かけて、親子でていねいにやってみると、子どもは本当に賢くなっていきます。

逆に「ちゃんと言わないとわからないでしょ!」などと、ちゃんと話せるかどうかのチェックに向かうと、子どもは苦痛に感じ、自分の言葉で話さなくなってしまいます。

子どもの話がわかりにくかったり、**言い方が違うと言いたくなるときこそ、「そもそも大人がわかりやすく話せているか、わが身を振り返ってみるチャンス」と思うようにしてください。**

言葉の多くが家庭で育まれていくからこそ、日常の言葉づかいを意識する。それだけで、日々の親子の会話の質が目に見えて変わってきますよ。

体験
言葉がけ
パンダ!
会えたー!
ああいうのを「コロンとしてる」って言うんだ~!
コロンとしてるね
子どものパンダだね

体験+言葉がけは、セットで考えていこう。
子どもの成長にとっても大切なんだ!

自分のことは自分で。生活の体験がしっかりある子が、国語のできる子

近ごろは「体験」ブーム。

「幼少期からキャンプに連れて行くと、生活力のある子になる」「動物園や水族館に連れて行くと、生き物に興味を持つようになる」「職業体験ができるテーマパークに連れて行くと、将来の夢が持てるようになる」などなど、『何か』を体験させれば『何か』ができるようになる」といった広告や、専門家の意見があふれているように感じます。

でも、**将来子どもに残るものは、じつは「何をしたか」よりも「そこで誰と、どんな話をしたか」だったりします。だからやっぱり、特別なイベントよりいつもの生活。**

「いつもしていること」に言葉を添える

第1章で、親子の会話を豊かにするコツとして「季節のワーク」をおすすめしま

した。

たとえば、春といえば桜。桜といえば「お花見」「花見弁当」「桜もち」などなど……。桜に関する言葉やもの、文化を教え、それを見て感じたことを言葉にする。

歳を重ねていくと、この会話のつながりがだんだんと立体的になっていき、その子にとっての「春」という世界観が作られていきます。

桜が散ればツツジが咲き始め、ツツジが終わればアジサイの季節になる。アジサイの季節になれば雨が降り、雨からまたいろいろな言葉や知識を得る……といった一年の流れも生まれてきます。

話すテーマは、季節にかぎりません。その日に食べたものだったり、テレビの中に出てきた街のことだったり、絵本の世界だったり……つまり、何だっていいのです。

どこか特別な場所に連れて行かなくても、何か

さあ、
次はあっち！
それから
アレもコレも！
体験
カンペキ計画
8:00 森林さんぽ
10:00 水族館
11:00 イルカ
13:00 空港見学
15:00 動物ふれあい
17:00 観光船

体験は子どもの土台になるもの。だけど
「たくさん何かする」ことだと思ってないかな？

変わったことを体験させなくても、「いつもの生活」でちょっとずつ、子どもは言葉と身のまわりの世界を知っていきます。

キャンプや施設見学など、いつもと違うことをするのは楽しくて刺激的だけれど、親も子も疲れるし、くり返しできるわけでもありません。

それより、「いつもしていること」からできることを増やしていくほうがラクに身につくし、お子さんの心も落ち着くのでいいことずくめなのです。

「少しずつ」というのは、たとえばお菓子作りが好きな親御さんだったら、お菓子を作るときに子どもを仲間に加えてあげるくらいのこと。

子どものために「あらためて何かを」というよりも、自分の知っていることを話したり、仲間に加える気持ちでやってみることが大切です。

桜
桜もち
ピンク
おだんご
入学式
お花見
＝
春
というもの

暮らしの中でひとつのことがつながっていく状態を作ろう。つながりの多さこそが、知性になるんだ！

「こんなこと教えても、まだ**小さいから意味がわからないだろうな」「役に立つのかな？」なんて思わなくて大丈夫。**

まだ生まれてから数年しかたっていない小さな人たちに、**この世界のことを少しずつ見せてあげることが未来につながります。**

それが将来まで残ることもあれば、すぐに忘れてしまうこともあります。でも、仲間に入れたり、言葉にしてあげなければ、子どもは知る機会自体を持てないまま大人になってしまいます。それでは、少しもったいないと思いませんか。

桜が
きれいだねぇ

どんなに年齢が小さくても、言葉を知らなくても、
大きい子と同じようにお話してあげてね。

言葉のイメージは人それぞれ。それがその人の世界観（ものの見方）

子どもは自分にかけられた言葉で、言葉を知り、世界を知っていきます。

たとえば、水一つとっても「水って冷たいね」で終えてしまうのか、「コップに入れた水は向こうが見えるね。水には色がないね。色がないことを無色って言うんだよ」「匂いはするかな？　あれ？　何も匂いがしないね」「触ってもベタベタしないよ。クリームを触るとベタベタするよね。何が違うんだろうね」「お風呂のお湯とコップの水はもともと同じ水だよ」など、水について**どんな話をしているかで、その子が持つ「水のイメージ」はまったく違う厚みを持つようになります。**

「〇〇はどういうもの」とお勉強っぽく教えると、親も子も疲れてしまいますよね。だから日々、気がついたときに一つだけでいいので話してみる。それくらいの気軽さで続ける。本当に、たったそれだけでいいのです。

正しい意味を教えるだけでなく、情景や思いを親子で話していく

言葉には、必ず話し手の主観が入ります。

たとえば「都会」という言葉を聞いて、あなたはどんなイメージを思い浮かべますか？

「ギラギラしている」「人や車が多くてごちゃごちゃしている」「おしゃれなお店が並んでいる」「ビジネス街のイメージ」「だまされそうで怖い」「何か出会いがありそうでワクワクする」など、人によっていろいろな感じ方がありますよね。

このように、同じ「都会」という言葉でも、人によって、その言葉に含まれるイメージが異なります。

「あたたかい」はどうでしょう？ たとえば、辞書には「物の温度や気温が快い程度に高い」「ひ

「あたたかい」
□ だいたい○℃～
□ ○○とされる
□ △△の場合は
××で▽▽
「あたたかい」は
こういう
コト!!
OK?!
....

言葉の意味を「正しく教える」を重視してがんばりすぎていないかな？

えびえとした感じを与えない」とありますが、私たちが感じるのはそれだけではありませんよね。

冬の寒い日にお母さんがいれてくれた紅茶の温かさを思い浮かべる人もいれば、お風呂につかったときに体がふわ～っとゆるんだときの感覚を思い浮かべる人もいる。人に親切にされてほっこりとした気持ちになったことを思い出す人もいるでしょう。

つまり、「言葉は一人ひとりの中で意味を持っている」のです。だから、言葉の「正しい意味」だけ知っていてもつまらないし、どこにもつながっていきません。

人が何かを表現するとき、その言葉が持つ意味には、そのまわりにあるいろいろなできごとや経験などを含めた情景が込められています。そして、それを作っていくのが幼児期の家庭での会話や、その雰囲気なのです。

きもち いいね
あったかいね ー
お風呂って ホッとするね

話してもらう前にまず
たくさん大人が話していくことも大切。

この時期の子どもたちは毎日の生活の中で、五感で感じるすべてのことを無意識に吸収していきます。その**体で感じたものと言葉を結びつけてあげることで、ものの成り立ちや、その世界が持つイメージをつかんでいきます。そしてそれはそのまま、その子の世界観や、ものごとを考える土台になっ**ていきます。

言葉をかけるというと「私、ニガテ……」と思う方も多いのですが、いつもの暮らしで大丈夫。ロジカルである必要もありません。その場で感じたことを、自分の言葉で伝えてあげてください。**知性も個性も「いつもの暮らし」が出発点。**

次のページからは、子どもの「聞く力」「話す力」を伸ばす、ちょっとした話し方のコツをご紹介していきます。

やさしくしてもらった時の感じ
ひなたぼっこ
「あたたかい」ってどんな感じ？
あのね
おふろでふわっとゆるんだ

言葉に対して持つ、人それぞれの多様なイメージこそ個性や知性の出発点。大切に引き出そう！

ありがちなかかわり方　**単語を教えるだけ**

シーン 1

会話が広がる「私はだれでしょう？」

どれだけ　を知っているか
これは？
色は？
バナナ
きいろ

名前など単語を教えるとき、色などわかりやすい特徴だけで終わらせがち。

子どもに言葉を教えるとき、「ほら、これがバナナ。バナナは黄色い色をしているんだよ」などと、ものの名前や色などのわかりやすい特徴を教えることが多いと思います。

でも、名前だけ知っていても、言葉の意味そのものを知っていることにはなりません。**子どもが知りたいのは「バナナとはこういうものだ」ということ。名前だけでなく、そのまわりにあるいろいろな知識や背景、そしてそこから広がる世界を知っていくことです。**

バナナを見て、「黄色い」「大きい・小さい」「長い・短い」「○房ある」などの見た目や「甘いね」「おいしいね」といった食べた感想を伝えたりしますが、バナナの世界はそれだけではないですよね。「果物屋さんやスーパーで売られている」「暖かい国で作られている」など、いま目には見えていないけれど、伝えてあげられる知識や情報はたくさんあります。

さらには「バナナはジュースにしてもおいしいし、マフィ

子どもが伸びるかかわり方

単語から会話を広げる

どれだけ　を話せるか
バナナってどこで採れる？
黄色だけかな？
あったかい国！
みどりのもみた！

言葉には意味以上の世界がある。知識や背景、それから
お父さんお母さんの思い出もそう。世界をいっぱい広げよう。

ンに入れてもおいしいよ」「バナナには栄養がいっぱいあって、疲れたときに食べると元気になるんだって」「おばあちゃんが子どもだったころはバナナは高級品で、風邪を引いたときだけ食べさせてもらえたらしいよ」など、親御さんが知っていることや体験したことなどを伝えることもできます。

バナナ一つとっても、いろいろな話ができる。それが「その子の知っているバナナ」になっていくのです。

子どもは、かけられた言葉で「自分らしさ」を作り、その「自分らしさ＝世界観」からものごとを理解したり、自分の気持ちや考えを伝えたりします。「バナナは黄色い」だけで終わってしまうのか、バナナからいろいろなことを立体的に感じていくのかでは、見ている世界が違ってきますよね。

ここでおすすめしたいのが、**「私はだれでしょう？」遊び。**

子どもが幼稚園に入る年齢くらいから少しずつ、「モノの特徴を言ってそれが何かを当てる」クイズのような会話ができます。やってみると、子どもとの会話の広げ方がだんだんわかってきます。子どもに問題を出してもらうのもいいですね。

ありがちなかかわり方　忙しくて会話を忘れがち

シーン2

私は何をしているでしょう？

分刻みで進んでいく子育て中の毎日では、
会話の機会を作りたくてもけっこうむずかしいよね。

子育てをしていると、毎日が慌ただしく過ぎていきます。子どもを散歩に連れて行きたいし、ごはんの支度もしないといけない。たくさんのタスクを終わらせることに必死で、気がつくと一日子どもと会話をしていなかった……なんてことになりがちです。

一方で、幼児期の国語的知育のゴールである「話す」「聞く」を育むには会話が大事。ここにジレンマが生まれます。

そこで会話を増やしていくときに、注目したいのが「動詞」。つまり、「私は○○をしている」という会話です。

話しながら、実際にその動きをやってみせるだけですが、効果は絶大！　料理をしているときなら「お母さんはいま、大根を切っています～」「お父さんはお鍋に野菜を入れました～」など、実況中継のように声に出してみるだけでもOK。

知っている言葉が増えてきたら、今度は親子で「私は何をしているでしょう？　クイズ」もできます。

子どもが伸びるかかわり方

ちょっとした動作も言語化

生活の中の自然な動きをきっかけに、ムリなく会話してみよう! 動きと言葉を一致させる絶好の機会になるよ。

「お母さんはいま、何をしているでしょう?」と動きを見せて、子どもにあててもらいます。同じように子どもにもやってもらうと、たくさんの動きと言葉が一致してくるようになります。

一つ前の「私はだれでしょう」もそうですが、子どもが言葉を覚えるには時間がかかります。覚えたように見えて、しばらく経つと忘れているなんてことはしょっちゅう。**できたな、と思えるまでには半年から一年くらいかかるものだと思ってください。だから毎日、ちょっとずつ。**

言葉を知るというのは、「ただ名前を知っている」ことではありません。時間をかけてその言葉が持つ意味や質感、イメージなどを自分の中にしみ込ませていくようなもの。そこで得たものが、その子に一生残っていきます。

ほかにもしりとりや、「大きい・小さい」など、反対言葉を言い合いっこする遊びなどもあります。

「言葉を教えるのは親の義務!」と肩に力を入れなくてOK。親子で一緒に楽しみながら少しずつ、言葉とそれが持つ世界をたくさん伝えてみてくださいね。

ありがちなかかわり方　言葉だけ教える

シーン
3

反対言葉を言い合ってみる

「大きい」の反対は？
「小さい」
正解！
次は…
おおきい
↕
○○さい

教えるときにありがちな「テストみたいな会話」。
これだと、楽しくないし身につかないよ。

「言葉は親が教えていくもの」と言うと、「これはバナナよ」「これはブロッコリーよ」と、ものの名前をたくさん教え、「これはな〜んだ」と、子どもを試そうとする親御さんがいます。

また、「大きい・小さい」などの反対言葉があるものを、「大きいの反対は何？」「小さいの反対は？」などと、まるでテストしているかのように子どもに聞いてしまう人も。

子どもが間違おうものなら「違うでしょ！『大きい』の反対は『小さい』でしょ。何度言ったらわかるの！」と叱ってしまう。こんな会話ばかりでは楽しくないし、子どもはやりたがらない。結果的に、どんどん国語から遠ざかってしまいます。

子どもに言葉を伝えるときは、「楽しみながら」がポイント。体やものを使って話すと、大人も子どもも意外に楽しく、そして子どもが理解しやすくなります。

たとえば、お父さんがゾウになりきって右手で鼻の動きを演じてみる。振りをやや大きめにして「ゾウは大きくて……」

子どもが伸びるかかわり方

動きをセットで教える

体感できる「体の動き」など、体を動かして教えてみて。
体を使いながら楽しく覚えるのが、賢い子への近道！

と言ったあとに、体をぎゅうっと小さく丸めて「ダンゴムシは……？」と聞いてみてください。きっと「小さ～い！」とノリノリで答えてくれるはず。

絵が好きな子だったら、対照的な2つの絵を並べて「昼は明るいけど、夜は……？」と聞いてみるのもいいでしょう。

ただし親御さんが試そうとすると、子どもは嫌がります。あくまでも「遊び」の感覚を忘れないでください。言葉が増えてきたら、「○○は××だけど、△△は□□」と、対になる言葉を探してみるのもおすすめ。大人でもけっこう頭を使います。

こうした遊びをしていると**「『なに』が『どう』なのか」を見つけるクセがつきます。大事なのは「反対言葉が言えるようになる」ことではないのです。**

0～10歳の子どもは、自分の言葉で表現するためにものの見方を知り、自分で言葉にしてみることをくり返す途中にいます。「覚えなさい！」と言われて覚えられるものではありません。だから、遊びや生活の中で少しずつ知る。それが幼児には楽しいし、最終的に自分の言葉となっていきます。

ありがちなかかわり方　親についてこさせるだけ

「いつ・何を・どうした」という記憶は、
子どもを伸ばす力。受動的な毎日にしてないかな？

シーン4

買い物ゲームは記憶力UPのチャンス！

子どもの「聞くチカラ・話すチカラ」は、記憶力の成長と関係しています。大人は一度聞いたことを覚えていられたり、メモすることもできますが、**幼児にとって「ずっと覚えている」ことは、まだまだむずかしいのです。**

その理由は2つ。**一度に複数のことを覚えるのがむずかしい。そして、長い時間覚えておくのがむずかしい。**これも、日々の暮らしで少しずつ伸びていくものです。

おすすめは買い物のとき、子どもに「助っ人」になってもらうこと。たとえばスーパーなどに入るとき、「今日はカレーだから、ニンジンを買わないとね。お母さん、うっかり忘れちゃいそうだから、覚えておいてくれる？」と頼んでおいたり、「あれ？　何買うんだっけ？」と忘れたフリをして、子どもに教えてもらうのもオススメです。

とはいえ、覚えていられるようになるには時間がかかります。幼稚園に入る前のお子さんは、一緒にお店を回りながら、いろんなことをお話しする時期。このたくさんのお話を経て、**「お**

子どもが伸びるかかわり方

子どもに参加してもらう

「助っ人」になってもらうことで、子どもにとって「覚えておく」「自分で考える」などいろんなチャンスになるよ！

店で売っているものがわかってきたら、始めどき」です。

なじみのお店で売り場がわかるなら、子どもに案内してもらったり、持ってきてもらうこともできます。「ちゃんと覚えているか」を試すのではなく、あくまでゲーム感覚でやってみるのがポイント。

覚えている時間や量が増える年長さんくらいになったら、ニンジンとじゃがいもというように**種類を増やしたり、家を出るときに伝えたりして、少しずつ「むずかしく」してみます。**

やってみて忘れるようなら、元に戻して**その子にとってのむずかしさを減らしてあげる。**忘れるのは、子どもの記憶力が悪いわけではありません。そして、親御さんは先生ではありません。少しずつ、楽しみとしてやってみます。

小さな子どもを連れての買い物は、商品を触ったり、「これ買って～」と言われるのがイヤで、できればサッとすませたいと思うかもしれません。でも、ときどきでいいので、「ここに売っているのは野菜だよ～」などと言いながら、買い物に時間をかける日も作ってほしいと思います。

シーン
5

「ちょこっとお話作り」のお楽しみ

ありがちな
かかわり方

興味あるものを眺めさせるだけ

何が描かれているとか、好き・嫌いだけを見て終わるのは、じつはとってももったいない。

人に話をするときは、「何がどうなって、こうなった」と、話の展開を整理しながら伝える力が必要です。

でも、幼児はそれが**「正しくわかって伝えられるか」よりもまず、「場面が変わることがわかる」ことの方が大事。**

お子さんに絵本を読んであげる親御さんは多いのですが、「これはウサギさんだね。ニンジンを食べているね」などと、何が描かれているかを言葉にするだけで終わっていたり、たくさんの本を読んで言葉のシャワーを浴びさせることがいいと思っていたりします。でも、それだけではもったいない。

私のおすすめは「場面」に注目すること。

たとえば、少し大きい子なら、絵本を読むときに「次はどうなるのかな？」などと、話の展開を意識した言葉がけをしてみることができます。ページをめくれば展開がわかるし、予想が外れてもＯＫ。子どもが思ったことを、自由に話してもらうチャンスです。

子どもが伸びるかかわり方

自分でお話を考えさせてみる

前
後
たまごはおともだちにもらった！
このあとほかにも作ったのかな？

そこから「何がどうしてこうなった」を考えてみよう！
「正しく伝える」より「展開を意識する」経験が大事。

また、絵本だけではなく、看板や一枚の絵を見て「ウサギちゃん、おいしそうなニンジンを食べているねえ。このニンジンはだれからもらったんだろう」などと、自由に想像し合うのもオススメ。

一つ前の場面がどんな場面だったか、そして、そのあとにどんなことが起きるかを想像してみます。そうやって話の前後を一緒に想像しながら、お話作りをしてみるのです。

このとき、子どもが突拍子もないことを言っても「そんなのおかしいよ」などと、評価やジャッジをしないであげてください。ここに正しさはいりません。子どもの自由な発想を「そうきたか！」と面白がったり、「なるほどね。それはなかなか面白いね！」と思ったことを伝えてあげると、子どもはがぜん張り切ります。

話したことを評価されたり、ジャッジされたりすると、子どもは「おかしなことを言ったらいけないんだ」と感じ、話してくれなくなってしまいます。**親子で一緒に空想を楽しむ気持ちで。そして、親御さんから話してあげることもお忘れなく。**

ありがちなかかわり方　「読む」だけがゴール

シーン6

何がどうなった？お話リフレクション

たくさん読むことは、もちろんダメじゃない。
だけどそれは、もっといいことへの始まりなんだ。

絵本は、子どもの発達に合わせて選ぶことができます。年少・年中くらいの幼児は、「くり返しのフレーズがある絵本」が好き。たとえば『おおきなかぶ』や『三びきのやぎのがらがらどん』（ともに福音館書店）などが人気です。

年中・年長になると、ストーリーのあるお話も楽しめるようになってきます。「ストーリー」とは、場面展開があるお話のこと。お話自体も少し長めになります。

そういう本を楽しめるようになってきたら、ぜひ「お話リフレクション」をやってみましょう。読み終わったあとに、「何がどうなったか」を話してみるのです。

初めは、1つずつの場面から。たとえば「かぐや姫」のお話なら、「おじいさんがどこに行ったんだっけ？」（↓竹やぶ）、「何をしたんだっけ？」（↓竹を切りに行った）、のように、1つのシーンを話題にしてみます。

慣れてきたら、2つのシーン、3つのシーンと場面を増やし

子どもが伸びるかかわり方

「読む」を「話す」のスタートに

物語が読める（聞ける）年齢になったら、「読み終わったら内容について話す」を習慣に。最初は質問１つから始めてみてね。

ていきます。そうして最後には、「かぐや姫はこういうお話」というあらすじが完成します。

シーンに合わせてあらすじを話せるようになるのは、記憶力の発達と連動するので、成長を待つ時間が必要です。まずは絵本を楽しみながら、ゆっくりゆっくり進んであげてください。

気をつけたいのは、聞いていけば記憶力がつく、という単純な話ではないということ。くり返しになりますが、すぐ忘れたりするのは、子どもの記憶力が悪いのではありません。また「ちゃんと覚えている？」と確かめようとすると、大人の毛穴から怖いオーラが放たれ、話すのを嫌がるようになります。

幼児期の国語能力を育むには、「聞く」と「話す」経験の多さがカギ。間違ってもいいし、うまく話せなくてもいい。楽しい雰囲気の中で、ムリなく時間をかけながら子どもの成長を待つことが大事です。

そして、前に進まないときは大人のかかわりに問題があるのかも？　子どもの成長に合っていないことをさせているのかも？　という見方を忘れないでくださいね。

第3章では、国語のベースとなる「聞く力」と「話す力」を伸ばす親のかかわり方のヒントをお伝えしてきました。

子どもは自分にかけられた言葉で、言葉を知り、新しい世界を知っていきます。それほど、親が子どもに言葉をかけることは大事なのです。

言葉がけをすることで、これから自分の世界を広げていく子どもたちに「ものの見方」を教えてあげることもできます。

「芸術的センス」と「論理的思考」、一見相反する能力に感じるこれらの力は、生まれ持った才能と思われがちですが、じつは家庭で育てていくことができます。

第4章では、これらの力を伸ばす親の声かけポイントをご紹介します。

第4章

芸術的センスと論理的思考力がある子になる親のかかわり方

芸術的センスと論理的思考力は、育てられるもの

「○○ちゃんは絵のセンスがあるね〜」
「△△くんはロジカルに考えるのが得意だね」

センスと思考力、どちらもあったらいいなと思う力だけれど、うちの子にはムリそう……。だって、芸術的センスは持って生まれた才能だし、論理的にものごとを考えるって、理系の力って感じ。親が文系じゃあねえ……。など、「自分にない力だからムリ」と思っている方は少なくありません。

また、芸術的センスと論理的な思考力はまったく違うもの、それこそ「対極」にあると思い込んでいる方も多いように感じます。「ロジカルさ＝勉強につながる学びか、センス＝楽しみの学びか」と、対極的な考え方をしてしまいがち。

でも、それは大きな誤解です。なぜなら、芸術的センスも論理的な思考力も、どちらも幼児期に「同時に育つもの」だからです。

そう聞くと、論理的思考力は「型」を覚えてトレーニングすれば伸ばせそうだけど、地頭のよさが必要。センスは「感覚」だから、生まれつきの才能でしょ？と思う方もいるかもしれませんね。

でもじつは、どちらも育てて伸ばしていくことができます。そしてどちらも、幼児期の日常生活の中で育んでいくことができるものです。

ものは、見る場所によって見え方も伝え方も違ってくる

ここでもう一度、思い出してみてください。

幼児期の知育のゴールは「人の話を聞いて、自分の言葉で話せるようになること」でしたね。そして、**「何がどうなっている」ということを「自分の言葉で」説明したり、「自分の方法で」表現するのが芸術的センスであり、論理的思考力です。**

そのベースは「見ているモノのとらえ方＝言葉や表現のしかたを知っていること」。**それが、幼児期に身につけたい力の本質です。**

何かを表現するときには、次の2つのことが必要です。

①それはどういうモノか、見たりさわったり、かいだりしてとらえること
②とらえたものをどう表わすかを知ること

どうやってそれを知るかというと、ここでも日々の会話から。

たとえばテーブルの上にあるものを見るとき、「これはこうなっているね」

「こっちから見ると、こうなっているよ」

「じゃあ、反対側から見るとどうなっているんだろう？」

そういうなにげない会話の中で、子どもはモノの見方や、見る場所によって見え方が違うことを体で感じていきます。この**「体で感じてわかる」が幼児の「知る」です。**

また、「お皿の上にリンゴがある」「耳は顔の真ん中より少し上のところにある」「○○ちゃんの後ろに△△がいる」などと、**日本語的に正確でて**

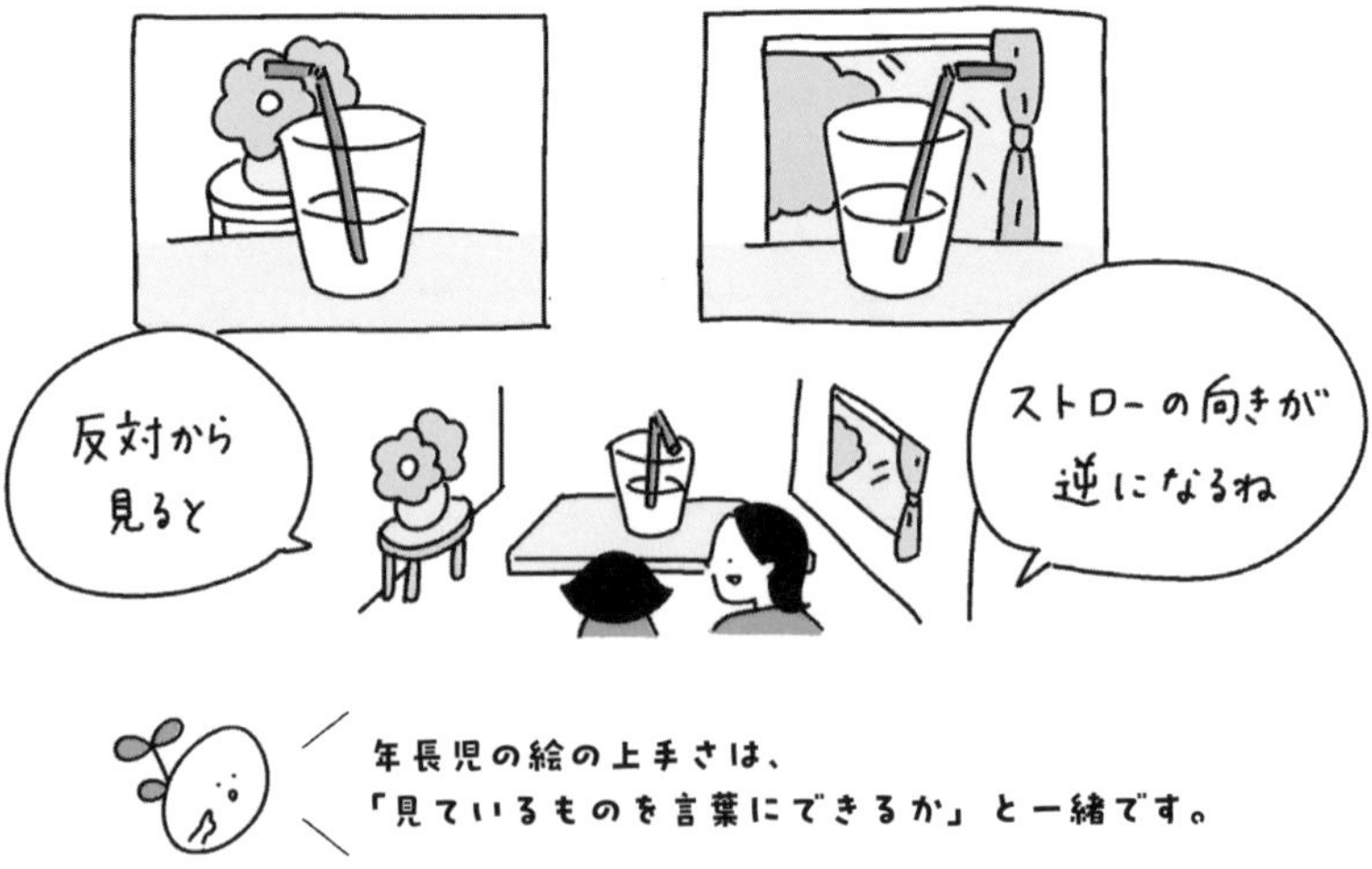
反対から
見ると
ストローの向きが
逆になるね
年長児の絵の上手さは、
「見ているものを言葉にできるか」と一緒です。

いねいな会話を通して、子どもたちは相対的なものの見方を知っていきます。私のイメージでは、それは一枚の絵を言葉で表現するのに似ています。

センスもロジカルさも生まれ持った能力ではないし、放っておけば身についていくものでもありません。まわりの大人が育てていくことができるものです。

そのことを知っていれば「うちの子、センスないからな……」と子どもの力を限定してしまうことなく、子どもを伸ばしてあげるための視点を持ちやすくなります。そして何より、「うちの子のいいところ」が見つけられるようになります。

「自分で育つ力」がある子どもたちに親ができることは、**子どもが「いま、そのとき」とらえている世界の見方を教えてあげること。**

子どもには「育つ力」があるからといってただ待つのではなく、反対にチャンスをのがさないように、と子どもは試したりつめ込むように教えるのでもない。**日々の暮らしで「ちょっとずつ『もののとらえ方』を伝えてみる」ことから始まります。**

この章では、そのためにすることが具体的にわかるようになります。

幼児期の「センス」と「論理的な思考」は、ものを見て表現する力のこと

子どもが自分で絵を描くようになると、「クレヨンが持てるようになったな」とか、「絵らしい絵が描けるようになった」「上手に描けている」など、目に見えることに着目しがちです。それに、子どもの成長が感じられるのは嬉しいですよね。

でもたとえば、私の講座を受けられた親御さんには、「子どもが育つ世界を知っていくうちに、何かができるという視点や、上手い下手なんてどうでもよくなった」という方がたくさんいらっしゃいます。**その子が何をどう見ているのか、何を感じているのかを子どもと見つけていく方が面白くなるのだそうです。**

幼児期の「知的成長」のゴールは、自分が体験したことを「自分の言葉、あるいは言葉以外の表現で伝えられること」。それは習ったことをアウトプットする塾や習いごとの学びとは異なるアウトプットですが、とても大切なアウトプットの練習です。

「見ている世界を言葉にする暮らし」は、そのままその子の表現力になっていきま

す。

センスもロジックも「ものの見方」は同じ

たとえば、絵が上手な子を見て「あの子すごいな」と思ったとします。でもほとんどの場合、それはもともとの才能ではなく、「その絵を描くために、何をどう見て、どう表現するか」を知っているからなのです。

親御さんがちょっとした会話を変えるだけで、わが子もそう育てることもできるとしたら、ちょっと嬉しくありませんか？

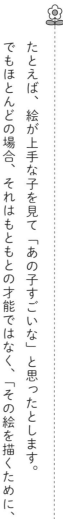

この**「何をどう見て、どう表現するか」が、幼児が知りたいこと。**

子どもはまだまだ、「自分が何を見ているのか、それが何なのか、どうなっているのか。そしてそれを伝えるためにはどう表現するのか」などを一つひとつ知る途中にいます。**見ているものを、「ちゃんと観る」。そしてそのまま言葉にする方法を知りたいのです。大人は、それを言葉で伝えてあげる。**

それはたとえば、人の顔を描くときに「この人の顔は丸いな」とか「目は顔の真ん中よりも少し上になるんだな」といったことに目を向ける＝気づくこと。そして、それが自分にはどう見えているのか、あるいは、そもそも自分がどこを見ているのかを言葉にしてみるということです。

この「何がどうなっているか」を見て取るチカラが、論理的な思考力と、絵で表現する＝センスのベースになっていきます。

だからまず、子どもの話していることに耳を傾ける。描いたものを見てみる。そして、子どもと話してみる。そんな**地道な積み重ねを子どもと一緒にやっていきます。**

見たものを正確に表現する

幼児期は、見たり聞いたりしたものを理解して、自分の言葉で表現する力をつけていく時期。と言っても、大人の学びのように集中的に、効率的にトレーニングしていくのではなく、そこに「あるもの」を表現することが始まりです。

少し話がそれますが、見方を知ることの差がつくのは絵画教室でも一緒。

幼児向けの絵画教室にもいろいろな先生がいます。自由に描かせるか、型を教えるかなどを教室を選ぶときのポイントにしがちですが、じつはそれはちょっと的はずれな選び方。

「ものの見方」を上手に教えられる先生に習うことができたら、子どもはみるみる絵が上手くなります。「どのようにしてものを見て、表現すればいいか」のポイントがわかるからです。

そして、それは家庭でもできることです。習いごとをさせて、「あの子（絵を上手に描ける子）は生まれ持ったセンスがあるから……」などと、自分の子どもとよその子どもの上手・下手を比べ、なげいて終わるのはもったいない。

「ものの見方」を知り、言葉で表現する経験を積んでいく

線をまっすぐ引く、長い線を描く、力強く描くといった「表現スキル」は、体の発達とともに変わっていきます。それとは別に、「ものを見る力」と「言葉にする力」は、日々の暮らしを積み

子どもは大人のすべてをまねし、そこで学習、成長します。
心理学の言葉で「モデリング」っていうんだよ。

重ねる中で伸びていきます。そしてそれが、芸術的なセンスや、ものごとをロジカルに考える論理的思考力のベースになっていきます。

だからといって、むずかしいことをお勉強のようにやらせる必要はありません。

たとえば、子どもが人の顔を描いたのを見て、目と目の間がとても離れていたり、口だけがやたらと大きかったり、ちぐはぐだったら、あなたはなんて声をかけますか？

上手だね、とか、ここはこうなっているよ、など「できたもの」を評価したり、上手な描き方を教える方が多いように思います。多くの言葉がけの本でも、どうほめるか、という切り口で書かれていたりしますよね。

でもそれは多くの場合、「ただ上手・下手を伝えているだけ＝評価しているだけ」なのです。また、**ほめたからといって子どもの自己肯定感が上がるなど、決定的な効果が得られることもそうそうありません。**

賢く育てるための視点としては、子どもを描いたものに対してどうこう言うのはじつは「声かけのタイミングが遅い」のです。

描くときの「ものをとらえる目」は、描くずっと前。日々の生活で育っていきます。それはたとえば、こんな感じです。

家族の写真を見ながら、「お父さんの顔は丸いね。お母さんの顔は、ちょっと卵みたいな形だね」などと話す。それでおしまい。

子どもと一緒に絵を描きながら、「顔の真ん中ってここだよね。目は、真ん中より上にあるねえ」とか「耳の形は〇〇みたいだねえ」「鼻はどんな形をしているかな？」といった話をする。それでおしまい。**いちいち確かめる必要はありません。**

つまり、子どもが絵を描く前に、「大人からさりげなく、でもちゃんと、感想などの言葉を伝えているか」の方がずっと大切なのです。

そして、それが伝わっているか、ちゃんと描けるかを**確かめるために絵を描かせるのではなく、自分の感想を伝えて終える。「子どもに対して、何気なく言葉をくり返し伝えていること」がポイント**です。そのつみ重ねが、子どもの「もの

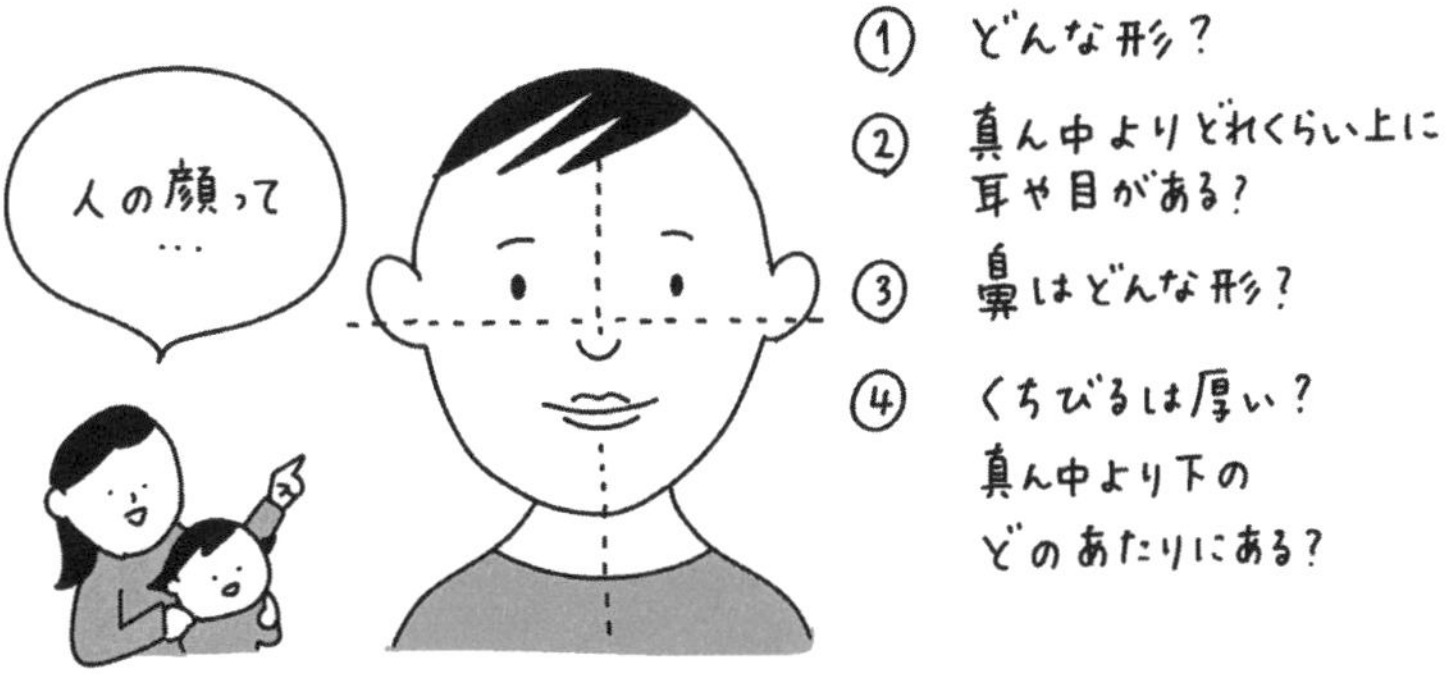
人の顔って
…
① どんな形？
② 真ん中よりどれくらい上に
耳や目がある？
③ 鼻はどんな形？
④ くちびるは厚い？
真ん中より下の
どのあたりにある？

「わかるように話す」ことを子どもに求めないで。
まず、大人が話すことが先。センスと思考力を伸ばすには、
自由でも、制限がありすぎてもダメなんだ。

の見方」や言葉での表現力につながっていきます。

子どもが育つにも、何かができるようになるにも、時間がかかります。センスやロジカルな思考が身につくのも同じです。なので「いまのうちに教えておかないと！」とか「ちゃんとできてる？」などとあせらず、試さず、**毎日の生活の中で「ちょっとだけ」意識して、言葉で伝えてあげてほしいと思います。**

センスと思考力を伸ばすには、自由でも、制限がありすぎてもダメ

そして、もう一つ。子どもに絵を描かせるとき、つい「好きに描いていいよ」と伝えてしまっていませんか？

「子どもは頭が柔らかくて、想像力豊か」と思い込んでいると、そんな声をかけがちです。その方が創造力が伸びると考えている人もいます。でもじつは、それは子どもにとっていちばん困る言葉がけなのです。

これはわが家の話ですが、中学生の娘の学校で体育の時間が自習になり、先生から「バスケットボール（の競技）についてのレポートを書いて提出する」という課題が出されたことがありました。

そのとき、「何をどう書けばいいのかわからなくて困った」と話す娘に対し、私は

「バスケットボールの何を、どういう切り口から書いてと言われたの？」と聞きました。すると、「何も指示がなかった」と言うのです。でも、ふつうは先生にも「こういうレポートを書いてほしい」という考えや好みがあるものですよね。

私は、残念な指示のしかたをするなあ、と思いながら聞いていました。「何を見て、どこに向けて、どう表現するか」という、アウトプットのために大切なポイントが抜けているからです。

自習時間を埋めるための課題なのか、何かを学ぶための課題なのか。先生の意図によっても違いますが、レポートを書くには、何かしらの意図があった方が子どもの学びにつながりやすいはずです。

ある程度テーマがある方が子どもたちは書きやすかったと思いますし、先生もそれぞれの視点を見ることができたのではないかと思います。

これは、絵を描くときも同じ。たとえば小学校受験で出される絵の課題で見ているのも「子どもの視点」なのです。

大事なのは、着眼点を教えてあげること

「自由に描いてOK」というのは、大人も子どもも困るセリフです。

しかも、幼児は自分の身のまわりにある世界を知り始めたばかり。何かを自由に描かせて「これぞ、子どもの発想力！」などと大人が感じられるものかどうかを試すより、**まずはものの見方を教えてあげることの方が大切です。**

子どもに絵を描かせるのであれば、「今日はリンゴを描いてみようか」などと、描く対象をしぼってあげるのがやさしいかかわり方。そのとき、「リンゴの上の方はどうなっているかな？何かぴょこんと出ているものがない？」などと、さらに**焦点をしぼってあげると、子どもはより描きやすくなります。**

そうではなく、「リンゴはこうやって描くんだよ」と教え込もうとすると、子どもの発想は広がっていきません。**着眼点は教えてあげるけれど、それをどう描くかは子どもの自由。それがその子の個性につながっていきます。**

「自由に」だけでは子どもは育ちません。道具、描くもの、視点などの“めあて”を大人がしぼってあげるのがコツだよ！

つまり、センスや思考力を伸ばすためには、「ある程度の制限＝めあて」が大事。このへんのカンどころは、やっているうちにわかってくるので、心配しないでくださいね。

絵を見れば、その子の見えている世界がわかる

子どもにものの見方を教えるときは、「どの立ち位置から、何に着目したらいいか」をガイドしてあげるのが基本です。でも「ここはこう見るのよ！」と教え込むことはしない。

できれば日頃から「こっちから見ると、どんなふうに見える？」と問いかけて子どもの気づきを助けたり、「どっちが前にあるかな？」などと、**子どもが見たものを言葉にしやすいように聞いてあげるのがコツ。**

親は**「子どもの目線の先をガイドする」スタンスでかかわること。そして、「子どもが何を言ってもジャッジしない」**ことを忘れないであげてください。

この2つさえ押さえておけば、子どもは子どもなりに目の前のモノをよく観察し、表現するようになります。絵の上手・下手は関係なく、「その子の見えている世界」

や「その子らしさ」がそこに表れてきます。

その子の中でロジカルなものの見方や考え方が育っているのかは、絵を見たり、描いた絵の話を聞いたりすればわかります。

もし、子どもが描いた絵の中に、（ほかにもモノが置いてあるのに）リンゴとバナナの2つしかなかったとします。その子が「それしか見えなかった」と言ったら、多くの親御さんは焦って「ほかにも◯◯があるよね」などと言うかもしれません。ぜひそういう会話を**「絵を描く前に」生活の中でしてあげてほしい**のです。

「世界の見方」を言葉にするように暮らす。そして子どもの世界を少しずつ、少しずつ広げてあげる。

すぐに手応えは感じないかもしれないけれど、あるとき、ふとした言葉や子どもの絵を見て「へぇ〜、この子にはこんなふうに世界が見えているん

バナナの方が
リンゴより
手前にあるよ
お皿の外に
みかんがあるネ

どこを見るのか話してみると、子どもの世界は広がるよ！

だなぁ〜」と、お子さんの成長を感じる日がきっとあります。
そんなのむずかしい？
大丈夫です！
次のページから気楽にできる具体的な会話やあそびをお伝えしていきます。

ありがちなかかわり方 「右手」を覚えるだけ

シーン 1

すべての基本は「右」「左」を知ることから

まずはここから始める人も多いのでは？
「左」「右」を覚えるには良い方法なんだよ！

子どもがものの見方を知るはじめの一歩は、「右」「左」を知ることから。

じつは、左右の理解は幼児期の難題の一つ。よく「お茶碗を持つ手が左手で、お箸を持つ手が右手」という教え方をしますよね。**この教え方は王道ではあるものの、それを覚えてなお、子どもたちは左右を考えるときに混乱します。なぜなら、向かい合うことで「逆」になるから。**

左右の違いを理解していくには順番があって、この「○○を持つ方の手」がなんとなくわかっていても、ときどき混乱します。そして**最後の難関は「人が向い合ったときの左右の理解」**。

親子で横に並んで「じゃあ、右手を上げてみよう！」と一緒にやってみるとすんなりできても、向かい合って「右手を上げてね」と言うと、ほとんどの子どもはアレ？という顔をしたあと、上げていた右手を下ろして、左手を上げます。

大人はここで「右手を知っているはずなのに、どうしてできないんだろう？」と思いますが、子どもは「なんで（手の位置

子どもが伸びるかかわり方

混乱する部分は体で覚える

右手・左手がなんとなくわかってきたら、子どもにとってむずかしい「向かい合ったとき」を体で実践して覚えよう！

が）入れ替わるんだろう？」と考えてしまいます。なので、幼児には、「なぜ入れ替わるのか」を実際にやって見せることが大切です。

まず、親子で同じ方向を向いて「右手を上げるよ〜」と言って、右手を上げます。次に大人がくるりと回り、子どもと向かい合う。すると、子どもの目には逆の手が上がっているように見えます。

でも、大人がまた横に並ぶと、また自分と同じ右手が上がっている。はじめは「えっ？なんで？」と驚きますが、この2つの動きをくり返すうちに、だんだん理解していきます。

ここで忘れないでほしいのは**『そういう時期』になったら理解するようになる」**ということ。時期としては、年長くらい。それより小さい子に「覚えさせようとする」のは順番が逆。「子どもが左右を間違わなくなってから」がキホンです。

早くから試そうとすると、子どもの自信を奪ってしまいがちので、子どもの成長に合わせてゆっくりやってみてくださいね。

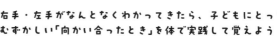

ありがちな
かかわり方　「知っている」で満足

シーン
2
四方から見ると姿が変わる

名前を知っている、見たことがあることを
重視すると、「見て言える」だけで満足しちゃう。

あなたは「子どもの世界を広げてあげるなら、親がたくさんのものを知っていないと！」と考える人ですか？

そして、いろいろなモノ（実物）や、カードや絵本などの絵を見せて「これはリンゴよ」「あれはキリンよ」などと、ものの名前を一生懸命に教えたくなる人ですか？

でも残念ながら、モノの名前を教えるだけでは、「ただ名前を知っている」「見たことがある」にすぎないかもしれません。モノには「それがどんなものか」や使い方、いろんなところから見たときの見え方、質感や素材など、その「モノ」に含まれる要素がたくさんあります。

子どもたちが知りたいことは、そのさまざまな要素。それを体感をもって知るからこそ、世界が広がっていきます。その体感は、幼児期だけではなく、子どもにとって「一生もの」の考える力のベースやその子らしさになります。

そしてもう一つ知っておきたいのは「四方から見たときの違い」。**同じものを違う場所から見たときの形が想像できるとい**

子どもが伸びるかかわり方

「四方から見ると違う」を教える

ひとつのものもいろんな方向から見てみて。リアルに見る・描いてみるからこそ、空間認識とものの見方が育つよ！

うことです。

たとえば、やかんを前後左右から見たらどうでしょう？　注ぎ口がある方を前として、前から見たら？　後ろから見たら？　あるいは左右から見たら？　同じやかんでも、見え方がまったく違ってきますよね。幼児教育で**「やかんを知っている」というのは、次の3つがわかるということです。**

① どこから見たやかんの絵か（やかんの向き）**がわかる**

② 部屋のどこから見たやかんなのかがわかる

③ その場にいなくても、指定された場所から描かれたやかんがイメージでき、言葉で伝えたり、絵で表現したりできる

「視点を変えてものごとを見る」ことは、空間認識のセンスを育むだけでなく、論理的な思考法のベースにもなります。

意外と、大人もふだん意識してモノを見ていないことが多いもの。あらためて子どもと一緒に見てみると、「へぇ〜、こんなふうに見えるんだ」と、新たな発見があったりします。雨の日などに家でやってみたり、散歩の日に話してみてくださいね。

ありがちなかかわり方　いきなりドリルから

シーン3

前・後ろに重なったもの

成長してくると「できるかも」って思いがち。
つい試したくなっちゃうけど、ちょっと待って！

モノには「見る位置」によって見え方が異なるものがいくつかあります。

たとえば、四角い積み木と丸い積み木が、自分から見て前と後ろに重なって置かれてあったとします。でも、反対側に回ってみると、丸い積み木が手前にきます。

大人から見れば当たり前のことですが、子どもはまだ、「そういうことか！」が完全には腹落ちしていません。**なので、一緒に場所を変えて、見て、話すことが大事。年長さんなら、一度絵に描いてみると「なるほど！」という感じが深まります。**

このとき、大人も一緒に描いてみるのもオススメ。つい言葉で説明したくなりますが、言葉からイメージさせるより、実際に描いた方が子どもにとってはしっくりきます。

ほかにも「コップにさしたストローの向き」も、逆から見ると反対に。これは、向かい合うと左右が逆に見えるのと一緒です。左右がわかるようになってから、「あれ？反対になるね」

子どもが伸びるかかわり方

目で見て「なるほど」感を！

「こうするとどうなる？」を実際に見て、話して、
「なるほど」と思ってもらう。このひと手間が大事だよ！

なんて話してみてください。紙や本などの「重なったもの」の順番も同じ。上から何枚目、と言葉だけで言わず、一枚一枚数えながら取る。

おうちでの会話は、そのときの用が足せれば、それで良かったりします。そうすると、会話も「アレ取って」「コレ取って。違う！こっちだよ」なんて言いがちですが、そんな会話に気づいたら意識してやめてみてください。**思い出したとき、できるときだけでいい**ので、「上から○冊めの本を持ってきてくれるかな？」というように、大人が**ものの位置を正確に伝える会話を心がける。**子どもが「○番め」と数えられるようになるのは、自分で数が十分に数えられるようになってからです。それまでは、大人が自分で、「1枚め、2枚め、3枚め。これだな」なんて数えながら、子どもに数える姿を見せていきます。

子どもが生まれてから、**子どもが自分で数えられるようになるくらいまでに、4～5年くらいの間、そういう姿を見せていく。**一見、面倒くさそうですが、暮らし方が、〝子育てにちょうどいい〟ていねいさになっていきます。そして、子どももすんなり理解できるようになる効果もあります。

ありがちなかかわり方　**指示や単語で会話が終わる**

シーン4

話をしないとわからない

早く
食べなさい
アレ
取って
パンダ
いる
かわいい

忙しい日々の中では、指示語や単語ですませてしまうことが多くなりがち。これだけでも日常は過ごせるけど……

あるとき、年少のAくんのお母さんが「先生、聞いてください！うちの子、信じられない！」と、血相を変えて私のところにやってきました。

「昨日、子どもにプリントをさせてみたら『動物』って言葉を知らなかったんですよ。そんなことってありますか？」とのこと。

でも、お母さんの話をよく聞いてみると、ゾウやキリン、パンダなどの名前は教えていても、それらが「動物」だという会話をしたことがなかったことがわかりました。聞いたことがなければ、わからない。それが子どもというもの。

こういうことは、よくあります。**子どもが「知る」ためには、まず体験から。次の2つのステップが必要です。**

①見たり、聞いたり、触ったりした実体験がある＝体を使って五感で知っている

②体験や五感で感じたことを、言葉でどう言うのかを知る＝

子どもが伸びるかかわり方

「一歩深掘りする」を習慣に

動物ってどんな仲間?
その中にも違いがあるよ

名前だけでなく、特徴や関連するものなども話すようにする。成長とともに「仲間分け」などの話もできるように!

親子の会話がある

子どもが何かをできなかったり、わからないときは、その子がダメなのではなく「体験が足りないだけ」と考えるのがモンテッソーリ流。**大人からすると、つい「このくらい言わなくてもわかるはず」と思ってしまいがちですが、違うのです。**

忙しい日々の中で、家庭内の会話は「早くごはんを食べなさい」と用を足すための言葉や、「アレ取って」といった指示、「これはタンポポだよ。かわいいね」など、見たものを言うだけの言葉になりがちです。

それでも日常は過ごせますが、身のまわりにあるものの特徴やそこから連想することなど、いろいろなことを言葉で伝えてあげることで、子どもの世界はグッと広がりやすくなります。

成長とともに知っているものが増えてきたら、「この2つはここが同じだね」「これは違うね」など、ものの特徴についての会話を広げていくことで、「仲間分け」などの概念的な理解もできるようになっていきますよ。

ありがちなかかわり方 「勉強っぽさ」で満足

シーン5

小さな体験を何度もくり返す

図鑑を見たり、パズルをしたり、勉強っぽいことをしただけで安心しちゃってたら要注意!

子どもといる暮らしは、毎日が慌ただしく過ぎていくため、ついつい、用を足すことを優先させてしまいます。すると、親子の会話は指示や単語だけの「伝わればいい」ものになっていきがちです。

そして、子どもに何かをさせるときに「〜しなさい」ではなく、「〜するよ!」などと楽しく誘ってみましょう、という言葉がけをすすめる本や記事がありますが、**タスクをこなし、子どもに何かをさせるためだとしたら、結局「用を足す」ためだけの会話であることに変わりありません。子どもからすれば、ゆっくりていねいに会話をする経験が得られず、自分の体の中に残る言葉が少なくなってしまいます。**

「ゆっくりていねいな会話」というとハードルが高いと感じる方もいますが、幼児の暮らしに必要なていねいな会話とは「これは何で」「何をするもので」「どんなときに使って」「どんなものだ」ということを、**さまざまな角度から伝えていくこと。**

子どもが伸びるかかわり方

「体験と会話」を持ち続ける

今日はシマウマを見る日!
もよう、ちょっとずつ違う
耳にももようがある!

「小さな体験を何度もくり返す」のが、子どもの世界を広げるためには効果的。毎日ちょっとずつ、が大切!

特別なことは何も必要ないのです。

そのために、たとえば図鑑を見せながら「これはゾウよ。これはシマウマ、これはサル」と教えてあげるのもいいのですが、「それがどんなものなのか」を知るためには、もう一歩踏み込んであげてほしいのです。

たとえば、実際に動物園に行き「足が4本あって、お母さんのお腹の中で育っていくものを動物って言うんだよ」などと、動物を前にいろんなお話をする。

このときのコツは、**「よくばらない」こと。**動物を一種類見て帰ってくる、くらいのあっさりさがちょうどいいのです。「今日はシマウマを見ようか」と、動物を一つの種類にしぼってじっくり見ると、「シマウマの耳の後ろにも模様がある!」などと、大人でも知らなかったことを発見できたりします。

たくさんの違うことを体験させるより、ひまな日に「いつもの動物園に行って、いつもの動物を見てお弁当を食べて帰る」といった**「うちの定番の過ごし方」を決め、小さな体験をくり返す。**すると、子どもは安心して伸びていきます。

ありがちな
かかわり方　指示語をなんとなく使う

シーン
6

どこから見て、どこにある？

そこのクマさんを取って
上の方のコップ取って！

漠然とした言葉や、わが家でしか通用しない
“ウチ用語”で指示していない？

芸術的センスとロジカルな思考力を伸ばしていくために、親ができること。それは、「幼児期に、子どもが見ている世界を一緒に言葉にしていくこと」でした。

毎日の暮らしの中でくり返しできたら最高！　ですよね。そのために、次の2つを大切にしてみてください。

① 判で押したような毎日を過ごす
② 大人が自分の言葉の正確さについて、少し意識してみる

たとえば、お受験をされたあるご家庭では、子どもが、テーブルの手前に置いてあるものを「下の方」、奥に置いてあるものを「上の方」と言っていることに気づいたそうです。正しくは「手前」と「奥」ですよね。

日本語としては正確ではないけれど意味は通じるので、大人もそのまま使ってしまいがち。こうした無意識の「ウチ用語」は、意外と多かったりします。

子どもが伸びるかかわり方

視点と対象をていねいに言語化

テーブルの上のクマさんを取って
テーブルのうえ
奥
大きい
奥にある大きい方のコップ取って

言葉の小さな違いを、侮るなかれ。
センスと思考力の育ちに、大きな差がつくよ！

あなたがもし、きちんと**子どものセンスと考える力を育みたいなら、ものの位置を伝えるときの言葉を変えてみましょう。**

たとえば、「テーブルの上にあるみかん」「テーブルの下にいるネコ」「テレビの手前にあるテーブル」など、**「どこに何があるのか」を言葉にしてみるだけで違ってきます。**

子どもがプリントの問題を間違ったり、言葉の使い方がおかしいときは、間違いを指摘する前に、ご自身を振り返ってみてください。子どもは、大人をまねて大きくなっていくのです。

もう一つ。たとえば下駄箱で自分の靴の場所を言うとき、左から（右から）見て何番め、上から（下から）見て何番め、と2つの視点を言わないと伝わらないですよね。

下駄箱から自分で靴を出せるようになると親御さんは安心しますが、そこでもう一声！**お子さんが数を数えられるようになってきたら、一緒に「上から見て2番めだねえ」「左から見て3番めだよ」といった会話**をプラスしてみます。

そんな日々の会話をちょっと意識するだけで、その後の子どもはグンと賢くなりますよ。

ありがちなかかわり方　成長のレベルを考えない

シーン 7

ここに入るものは何？

「子どもができること」ではなく、「そのおもちゃの正しい遊び方」をさせたくなってはいないかな？

たとえば、幼児のいる多くのご家庭にあるおもちゃ、ペグさし。とくに「パターン（見本）カード」のあるペグさしは、「ものの位置」の理解を深めるのに最適なおもちゃです。

つい、パターンに合わせて誘導したくなりますが、子どもをよく見ていると、**成長に合わせて4つの遊び方をしています。**

①つまんで出す、入れる
②同じ色を並べる
③色の並び順のパターンを作る
④パターンの見本に合わせて絵を作る

①は、歩き始めから、歩行が安定する時期までの活動。この時期の子どもは、「にぎにぎ」期。自分の手を自由に動かし、ものをつかめるようになっていく時期です。モノをにぎって取ったり、持ってみたり、穴から出し入れしたりします。ペグさしでも、穴からペグを出し入れします。②と③は、幼稚園

子どもが伸びるかかわり方

理解度を考えて進める

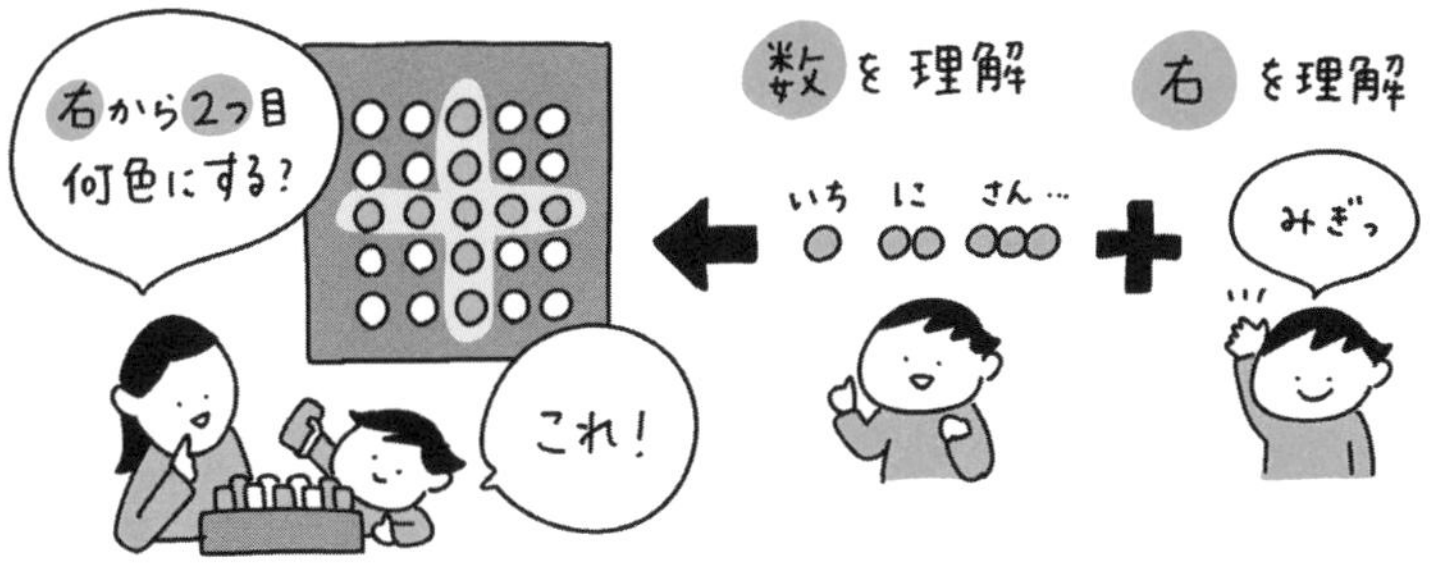

パターンに合わせて絵が作れて、位置の理解ができるのが年長さんくらい。位置の言葉を教えてあげるタイミングはココ！！

児にオススメの遊び方。異なる色のペグの中から同じ色のペグを探して並べたり、「赤青黄」と規則的なパターンの並べ方を楽しんだりします。

④のパターンに合わせて色を選び、はめていくようになるのはもっと後。数が数えられるようになって、「どこから何番め」がわかる子のする活動です。

子どもがペグさしを始めるやいなや、パターン集を取り出して「じゃあ、これを作ってみて。ここに入れるよ」と、いきなりむずかしいことをやらせてしまう方がいるのですが、**「そのときの子どもの成長に合っているか」を忘れないでください。モンテッソーリ的に言うなら、まず子どもを「観る」ことから。**

大事なのは、**「何歳くらいにこれができる」を目安にするのではなく、目の前の子が「いま、していること」を見てあげる**こと。成長をゆっくり待ってあげてくださいね。

パターンカードで遊ぶことができるようになったら、ときどき位置を表す会話をしてみます。ここも、「大人が教えて子どもに言わせる」ようなお勉強感を出さないことをおすすめします。

ありがちなかかわり方　大人が口出し、誘導

シーン
8
ここには何が入る？ 何色？ 重なるとどうなる？

?
早く！
わかるよね？
あれだよ！
ホウ！
えー…
うーん…
まる…？

パターン、規則性を見つけるのってむずかしい。
つい大人が口出ししたり、誘導したりしちゃうよね。

・ものの並びのパターン＝規則性を見つける
・重ねたらどうなる
・絵の具など混ぜたらどうなる
・回転させたらどうなる

など、「こうするとどうなる」という法則性を見つけられるようになってくるのが、小学校入学前の子ども。類推する力が必要なので、見つけるのに時間がかかることもあります。

時間がかかる子を見ていると、大人の方がやきもきしますが、待つ時間はとっても大切。答えのヒントを大人が出すのではなく、子どもが「何がどうなったからこうなった」「こうなっているのは、こういう規則性があるからだ」などと自分で見つけることが大事。次の2つのステップで伝えます。

① やってみて「なるほど！」と思える伝え方を大人が探す
② 実物を使って子どもに見せる

子どもが伸びるかかわり方

体を使って具体的に考えさせる

子ども自身が「何がどうなったから、こうなった」を自分で考えて言えるのが大切。大人はその「見せ方上手」になろう!

たとえば、「折り紙を折り返したら、どんな形になる?」という問題が解けるようになるには、「①実際の折り紙を準備する→②着目したい所を意識して折って見せる」と、子どもはどこかで「なるほど!」という顔をします。そこが、子どもが「わかった」とき。そうしたら、それでおしまい。「わかった?」などと親が確かめる必要はありません。これだけで、お受験のどんなプリントも解けるようになります。

もし解けなければ、子どもがまだ理解できる成長の時期ではないか、具体物を使った体験が足りないか、大人の見せ方に工夫の余地があるだけ。小学校受験のプリントや、小学校に入ってからの授業で**子どもがつまったときには、もう一度、具体物を使った体験に戻ってください。**

ここで気をつけたいのは、**言語化するのは子ども自身なので、子どもがじっくり考えているときに大人が口出ししないこと。大人が期待する答えを言わせるような誘導もしないこと。**大人の言葉を子どもに覚えさせても、意味がありません。どうしても誘導したくなる方は、くり返しやって理解できたように見えたら、なにげなく聞いてみるくらいにしてください。

昨今の教育は「体験」がキーワードです。

でも、「1回行った」「1回見た」という体験が子どもの知性になるにはちょっと不足。そこには「くり返し」が足りていません。

だからこそ、「うちの定番」をもっておくことをオススメしています。いつもする習慣、毎年する恒例行事、そんな「うちの定番」です。

最終章では、毎日の暮らしの中でできる「ちょっとした体験」や、季節ごとに毎年くり返し行える「ウチの定番」をつくるヒントをご紹介します。

毎日することには大きな変化がなく、薄い紙を重ねていくような、地道な日々に思えるかもしれません。でも、そうして重ねた親子の時間や会話は、お子さんの体の中でちゃんと「知性」へと変わっていきます。

すぐ真似できるものばかりなので、気がついたときにやってみてくださいね。

第5章

日々の暮らしで ムリなく伸ばせる 学力と非認知能力

子どもの記憶は3年かけて作られる

小学校受験をされたあるご家庭のお話です。

通っているお受験の塾で、サンマの絵に対し、「この食べ物の季節は？」という問題が出ました。それに対し、そのお子さんは「夏!!」と答えたそうです。

「塾の先生に『お宅では、サンマを食べさせたことがないのですか？』とほかの親御さんたちの前で言われ、ショックでした……」と話すお母さん。つい先日も食べたばかりなのに覚えていないわが子を見て「うちの子、覚えが悪いのかしら……」と心配になった、とおっしゃっていました。

小学校受験では、野菜や果物、花などの絵を見て、それぞれの季節を答える問題がよく出されます。そのためお受験の塾では、受験をされるご家庭に、ふだんの食事でも季節感のある食べものを意識的に食卓に出すようすすめます。

でも、「ちゃんと食べさせているのに、子どもが覚えてくれない……」と親が落ち込んだりイライラしやすいのも、季節の問題。じつは、**ただ食卓に並べるだけでは、子**

どもはあまり覚えてくれません。

くり返し行える「うちの定番」をもっておく

いま幼児〜小学生の塾の広告を見ていると、「子ども自身に体験させること」がブームです。「子どもにいろんなことをさせてあげましょう！」と主張するものもあれば、「子どもは体で覚えていく」ことをうたうものもあります。

「子どもは体で覚えていく」こと自体は間違っていないのですが、その**体験が子どもの知性になるために「くり返し」が必要なことは、意外と知られていない**ように感じます。

「体験した」といっても、「1回行った」「1回やった」「1回食べた」くらいでは、子どもには残っていかないのです。

サンマ、食べさせてないんですか？
きせつはいつでしょう？
？？？
昨日食べたのに…

「うちの子は覚えが悪い」と思わないで大丈夫。
会話とくり返しが足りないだけなんです。

子どもがものごとを理解し、覚えていくには長い時間がかかります。**年月にして、およそ3年。つまり、3年同じことをくり返していかないと、「その子の定着した知識」にはならない**と思ってください。とくに季節のものは、**「ただやってみた」だけでは本当に忘れてしまいます。**

「3年なんて……」と果てしない道のりに感じるかもしれませんが、だからこそ、「気軽にできるちょっとしたこと」をたくさん持っておくことがポイント。

私のおすすめは、**「うちの定番」**を作ることです。

たとえば、9月の「お月見」では十五夜にお団子を一緒に作り、みんなでお月見をする。冬休みにはスキーに行くなど、いくつかの「うちの定番」を毎年する。カンペキにやろうとするのではなく、「今日はこれをする」くらいの気軽さで。

「○○のときはここに行く」「△△のときはこれをする」「毎年□□の時期がきたらこれを食べる」といった、**暮らしの定番をいくつか持っておくのです。**

こう書くと「同じことばかりして子どもがあきないの？」「めんどくさい」と思うかもしれませんが、やってみると毎回新たな発見があります。

大人は、それまでの経験から「要するに、これはこういうものだ」というレッテルを貼っておしまいにするクセがついていますが、子どもは、自分の身のまわりの世界を知って行く途中の人たち。**毎年同じことをしても、毎回違う世界を見ています。**「今日は雲が多いね」「今年は去年より雪がふんわりしているね」「今年のお団子はちょっとやわらかいね」などと小さな違いを見つけては、その違いからまた新しい発見や興味を広げていきます。

「モンテッソーリ教育では、子どもの環境を整えることが大事」と言われますが**「うちの定番行事」も立派な環境の一つです。むしろ、きちんとモノを揃えるより結果が出ます。そしてやってみると、意外に大人にも発見があるものです。**

毎年同じことをくり返しているご家庭からは、「子どもの興味の違いを大人も発見したり、成長が感じられて楽しい」という声を多くいただきます。

「いつもと同じ」の中に、いつもと違う**子どもの**

ゾウさん
見る〜
この前
キリンだったね
今日は…
さて、
今日も動物園
行ってみる？

がんばって特別な思い出を作ろうとせず、「ひとつ見て帰る」くらいのライトさで考えるといいよ。

成長や、いまの興味が見えてくるのです。

「子どもができるようになる」メカニズムを知っておく

子どもがものごとを理解して「賢くなる」までには、次の3つのステップがあります。

① 体の発達的に「できるようになる」

② 体験したことが「こういうことか」と子どもの中に定着する

③ いくつかの「こういうことか」が子どもの頭の中で関連づけられていき、論理的に考え、表現する力がついていく

「知性が伸びる」というのは、③のことです。

①と②が身につくには、くり返しの体験がポイント。さらに親子でたくさん会話をする中で、③の子どもの「わかった」が増えていきます。

家族と一緒にやりながらお話しする。その過程で「これはこういうものなんだ」という成り立ちやしくみを知る。

あるいは「これをすると、こんな気持ちになるんだな」とか、「これはここと一緒なんだな」を知る。たくさんのことが子どもの中でつながると、子どもの中でものごとの輪郭がはっきりしていきます。

何をさせるか、何をするかという「すること」だけで見ると、同じことをくり返しているだけのように見えるかもしれません。ですが、**実際には毎回小さな違いがあります。そして、子どもはその小さな違いに敏感な人たちです。**

その**小さな違いを見つけ、言葉にすることで、子どもたちは多角的にものを見ることを学んでいくのです。**

幼児と過ごす毎日は、薄紙を重ねていくような日々

小学生も高学年になると、「○○とはこういうこと」というのを、概念的な言葉で説明できるようになっていきます。これが、賢さの差が出てくるとき。ここで子どもが伸びるには、その前に概念化するための材料＝体験と言葉のインプットが必要です。**伸びる子は、これを豊富に持っています。そして、それを得る時期が、0〜10歳までの暮らし。**「野山をかけ回っていた子が、あとでぐっと伸びる」というのもそのためです。

毎日やることに大きな変化がなく、薄紙を重ねていくような地道な日々に思える

かもしれません。ですが、重ねてきた時間と体験は、着実に子どもの未来を作っていきます。

そしてそれは、決して「小学校の先取り学習」ではないのです。

幼児期の早いうちから、計算や漢字ドリルなどの先取り学習に、つい力が入りがちです。でも、小学校で学ぶことを簡単にして早くからやらせること＝「うすく伸ばした学び」には、あまり意味がありません。

そのうえ、やりすぎると③の「論理的に考え、表現する力」にもつながりません。子どもの持っている「賢さ」＝知性にはならないのです。

幼児期の知育に必要なのは、体を使った「体験」と「親子の会話」。大事なのは、やはりこの2点につきます。

子どもは「要するに○○」とは思いません。小さな違いを知ることが、あとで興味や好きなことの種になるよ。

何をしたかの「数」よりも「質」を高めることが大事

「くり返すしかない」と言われると、そんな時間ないし……と、その地道さに気が遠くなる方もいると思います。

ただでさえ、子育て中は毎日が慌ただしく過ぎていきますよね。とくに共働きのご家庭では、「仕事、家事、育児で毎日がバタバタで……」というご家庭のお話をたくさん伺います。するとなおさら、効率よく「これさえやっておけばいい」という正解がほしくなる。それもよくわかります。

でも、忙しくて効率化したい人こそ、「ウチの定番」がある生活をオススメします。

子どもとの暮らしの中で、その一つひとつの体験の質を上げるコツがあります。**それは「この時間、このときは必ず○○する」と決めること。**共働きで「いろいろなことを体験させてあげられない……」と思っている方は、**たとえば、「保育園の行き帰りは子どもとのんびり話す時間」にすると決めてみる。**

子どもの知性を伸ばす体験は、「体験教室やイベントにたくさん参加した」という**「数の多さ」ではありません。毎日の生活でのくり返すことが大切。**だからこそ、**することを決めることで、暮らしが落ちつきます。**

日々の変化を少なくして、できるだけ毎日同じような生活を送る。そしてふだんの生活ですること、感じたことを10～15分でいいので、親子で話してみる。
もし、「どうしても忙しくて、どうにもならない！」と思うなら、思いきってタスクを減らす勇気を持ってみてください。育児で本当に大事なことってじつはそう多くないし、面倒に見えることの中に大事なことがたくさんあります。

体験を定着させるための3セット

そして、最後にもう一つ。動物園や水族館、旅行やキャンプなどに行くとき、その「体験効果」を最大にするコツがあります。

イベントは、行くことだけを目的にせず、「行く前」「体験中」「行った後」に、**ちょっと足してほしいこと**があります。

①**【行く前】行く前にそれに関連する話をしたり、絵本を読んだりする**
②**【体験中】行く先々で見たり感じたりしたことを、その場で話す**
③**【行った後】帰宅後、思ったことを親子で共有したり、絵を描く**

「行く前」にたとえば「ゾウ」や「雪」など、何か一つのテーマを決めて親子で会話をしておき、実際に「体験」を楽しむ。「行った後に」もう一度、家族で楽しさを振り返る。

初めは面倒に思うかもしれませんが、慣れてくると楽しみになります。何よりも会話が弾んだり、家族の思い出も増えるなど、「毎日何させよう……」とあれこれ探すよりも効果があります。気負わずに、できることからやってみてくださいね。

子どもとの暮らしで大事なのは、体験の数ではありません。

同じようなくり返しの中で小さな違いを楽しむ。いろんなことを親子や家族で話す。それが「本当の」経験と質を高めていくコツになります。

そこで、次のページからは、日々の暮らしの中で質を上げるコツをご紹介していきます。

スキーって
雪の上を
すべるよ
あったかい
服きてる
スキー
行く前
私もできる!
雪って、白いな!
体験
雪キレイ
だったね
すべるの
楽しかった
帰った後

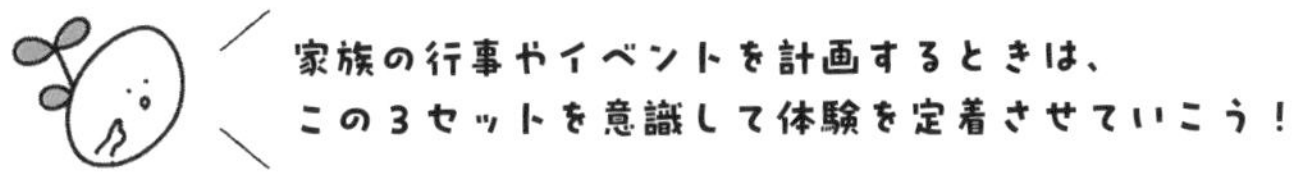
家族の行事やイベントを計画するときは、
この3セットを意識して体験を定着させていこう!

ありがちなかかわり方　本を読んで終わり

シーン 1

「絵本」でできるおうちあそび

あんまり実になってる気がしない…
10冊は読んであげて！言葉のシャワーを!!!
ホットケーキ

「読み終わるのが大事」とか「たくさん読むほどいい」とかいろんな読み方があるけど……。

「絵本の読み聞かせはいいこと」とは、だれもが思うこと。そしていろんな読み方や、ノウハウも紹介されています。そのどれがいい・悪いを言うつもりはありませんが、一つだけ。それは「絵本を読んでおしまいにするのはもったいない」ということ。

絵本を、親子での遊びの機会につなぐ。そんな時間を持ってみることがオススメです。とにかくたくさん読んで、言葉のシャワーを浴びさせるのも悪くありませんが、**一冊一冊をじっくり味わうことで良質なインプット・アウトプットが生まれます。**

絵本の良さは、「まだ見ぬ世界と出会える場所」を提供してくれるところ。読むだけで、その擬似体験ができるところです。自分の知らない場所で、自分の知らない人や動物たちがどんなことをして、どうなったか――。ストーリーを読みながら、自分も登場人物と一緒にその時間を過ごし、ドキドキしたり、

子どもが伸びるかかわり方

絵本の世界と生活をつなげる

読み方よりも、その後が大事！　絵本に出てきたことを、ちょっとやってみたり話したりしてみよう。

ワクワクしたり、しょんぼりしたり、いろいろな気持ちを体験することができます。

できることなら、絵本で読んだことを実際の生活の中でやってみる。たとえば、ホットケーキを焼いてみる。「かぶ」が出てきたら、八百屋さんで探してみる。

焼けていくうちにぷつぷつと表面に穴が開いていくホットケーキを見ながら、「穴が開いていくね」「音がするね」。かぶなら「葉っぱが長いね。形が丸いね。食べると甘いね」なんて**たわいもない感想を伝え合う。そんなことを続けるうちに、だんだん絵本の世界とリアルの生活がつながっていきます。**

とはいえ、一度に全部をしようとしないで大丈夫。「なにか一つやってみた」くらいのノリでいいのです。ホットケーキを焼くのを最初から最後まで子どもがいなくても大丈夫。「みてみて〜。ぷつぷつ穴があいてきたよ」くらいの会話ができれば十分です。子どもたちにとって、絵本は身の回りのことを教えてくれるだけでなく、空想の世界と現実の世界とをつなげてくれる架け橋になってくれます。

ありがちなかかわり方　ひとつの目的地だけ意識

シーン
2

「散歩や公園」でできるあそび

すべてに興味があるのが子ども。
目的地にまっしぐら、とはなりにくいもの。

「公園に遊びに行く」と言ったのに、道中で何かを見つけて足が止まったり、あっちこっちへ寄り道したり。子どもとの道中は寄り道だらけ。

「早くしなさい！　公園で遊べなくなっちゃうよ」、大人は思わずそんな言葉をかけてしまいがちです。

散歩や公園に行くとき、大人は目的地を目指して一直線に向かいますが、子どもは「目的地に行くためにひたすら歩く」ことをほとんどしません。

それは、子どもが「時間がわかっていない」「目的を理解していない」のではなく、子どもとは「そういうもの」だから。

大人は目的地への時間を単なる「移動時間」として、あまり価値のない時間と思ってしまいがち。でも、子どもにとっては公園も、行く途中の道も「新しい世界に触れる楽しい時間」。

ぜひこの時間を、**単なる移動時間ではなく、親子で一緒に何かを見つけたり、話したりする「フシギ発見」の時間にしてほ**

子どもが伸びるかかわり方

道のり全部を一緒に楽しむ

目的地に着かなくてもあせらないで。一緒にいろんなものを見たり、話したり、それだけで終わってもいいんだよ！

しいと思います。

ときには、目的地にたどり着く前に「もう晩ごはんを準備しなきゃ」と時間切れになることもあるかもしれませんが、それはそれでよし！です。

道中は子どもの興味のおもむくままに親御さんがつき合ってあげるのも、会話や遊びを提案してあげるのもいいでしょう。

公園に行こうとしていたのにたどり着かなかったとしても、子どもが満足していたら、それは十分に「いい時間」だったということです。

とくに、「小さいものへの敏感期」の子は、アリの行列に目を奪われたり、道端の小石を摘んでみたり、側溝に小石を落としてみたり、道路の白線の上や、植え込みの敷石の上を渡ろうとしたりします。

人目が気になるかもしれませんが、**のんびりつき合ってあげると、きっとどこかで、子どもの満足げな顔が見られるはずです。**

【いま見えている景色について会話する】

幼稚園や保育園の帰り道など、いつも歩いている道でも、季節によって咲いている草花や木々、雲の形や空の色は**変わっていきます。毎日同じ道を歩いても、毎日違うのです。**

「夏の雲は、空の上の方に向かってニョキニョキしているね。こういう形の雲を『入道雲』っていうんだよ」

「あれ？ ついこの間まで真っ赤な葉っぱがいっぱいあったのに、みんな落ちてなくなっちゃったね」などと、いま目に映っている景色をそのまま言葉にしてみるのもいいし、「あの雲の形は何に似ているかなぁ？」など、親子で質問し合ってみるのもオススメです。

夏
秋

いま目に映る景色を言葉にするのもいいし、
季節の移り変わりごとの違いを話すのもいいね。

【「○○探し」をしてみよう】

子どもは「○○探し」ゲームが大好きです。道中、同じ形や色のものを探し合いっこしてみましょう。

たとえば「丸いもの探し」なら車のタイヤ、バス停、家のポストのダイヤルなど、いろいろなものを見つけることができます。

形以外なら赤いもの、青いものなどの「色探し」や、丸い石、つやつやした石など特徴ごとに分けて探す「仲間分け」もおすすめです。

子どもの成長とともに季節のイメージがつかめてきたら、今度は「夏のモノ探し」などもできます。「あ、あそこの家に風鈴がある！」「風鈴は涼しそうな音がするよね」とか「あの人、スイカをまるごと1個持っているね」「力持ちだね！」など、会話がどんどん広がっていきます。

あれは
バス停だ
あの
まるいの
タイヤ！
今日は
丸いものを
探してみようか！
バス
BUS

子どもはゲーム感覚になれるものが好き。お散歩も、何かを探しながら歩くといろんな世界が広がるんだ。

【電柱〇本ごとに交代】

時間に余裕のある買い物の帰りにおすすめなのが「買い物袋の持ち合いっこ」。

牛乳が1パック入った袋などを「電柱3本数えたら交代ね」などとルールを決め、持ち合いっこします。あまり重いと大変なので、子どもにとってムリのない重さのものを、ムリのない距離でやってもらうことで、「自分はお母さんを助けてあげたぞ」「こんなに重いものでも持てるんだ」と、プチ達成感を味わうことで、小さな自己肯定感も育っていきます。

実際に持ってみることで「牛乳1パックはこのくらいの重さなんだな」とわかったり、電柱の数を数えることで数を数える練習にもなります。

体力がついてきたり、元気がありあまっている日は電柱5本ごとに交代したり、距離を伸ばしてみるなど、工夫してやってみてください。

電柱3本で
交代しよう
うん!
助かるナァ
重いけど
がんばろ!
ありがと
へへ!

ちょっとした道のりも、ちょっと工夫するだけで
いろんな感情や学びを楽しく体験できる場に。

そしてもう一つ。小さいときに階段を上がりながら「パ・イ・ナ・ッ・プ・ル（パイナップル）」「グ・リ・コ（グリコ）」と言いながら、階段を上ったことはありませんか？

言葉の音数に合わせて歩くのは、子どもが喜んでやるあそびの一つ。キ・リ・ンなどと言いながら、タンバリンを叩いたりする幼稚園もあります。やっているだけで楽しいというのもありますが、言葉の文字数＝音の数を体で知っていく体験もできます。

これは、たとえば、「レバー」「切手」のように、のびる音や、つまる音を何文字として数えるかを知るときにも使えます。ほかにはしりとりなども、子どもと歩くときにできること。

こうしてみると、**日常全部のあそびにムダがない**と思いませんか？　子どもと歩くときに、ぜひ小さな言葉あそびをやってみてください。

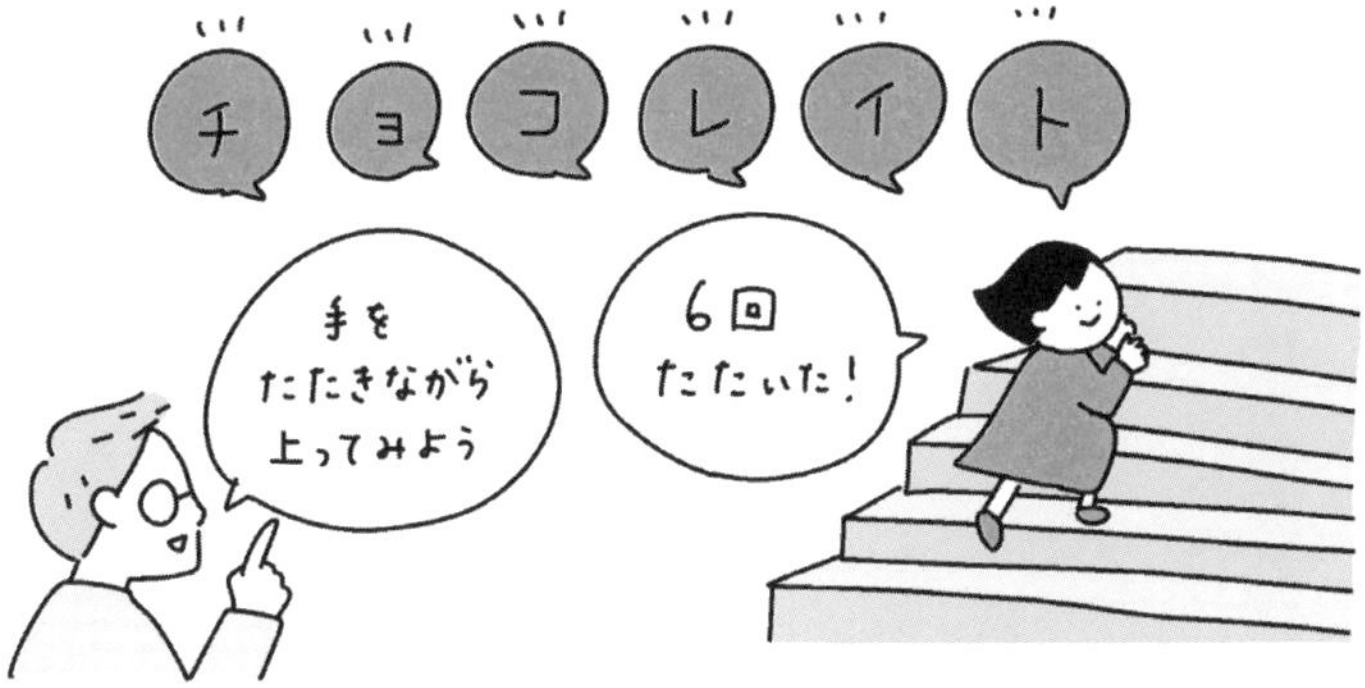
チ
ョ
コ
レ
イ
ト
手をたたきながら上ってみよう
6回たたいた！

言葉のリズムや文字のイメージも、まずは体で知るのが大事。
遊びながらでも、地頭の良さが育っていくよ！

ありがちなかかわり方　迷惑を気にして急いじゃう

シーン3

「お買い物」でできるあそび

子連れの買い物って急がせたり禁止したり、ついつい会話を封じる言動をしがちだよね。

お子さんを連れて買い物に行くとき、親子でどんな会話をしていますか？

ついつい「触っちゃダメ！」「騒いじゃダメ！」「走っちゃダメ！」「ほしがっちゃダメ！」といった「ダメダメ言葉」が多くなっていませんか。

「まわりに迷惑をかけるから、早く買い物をすませてしまいたい」という声もよく耳にしますが、**買い物の時間だって、子どもを伸ばすチャンスはたくさんあります。**

もしお住まいの地域に商店街があるなら、ぜひそこで買い物するのを習慣にしてみてください。スーパーやデパートと違い、商店街では、店頭に店名が大きく書かれていたり、商品が置かれているため、どんなお店でどんなものが売られているかがわかりやすく、**子どもたちが暮らしと文化に触れながらものごとを知っていく入り口としてうってつけなのです。**

スーパーやデパートでも用途や食べ物の種類などで売り場が

子どもが伸びるかかわり方

1回の買い物を大切な機会に

見つけてエラいね
じゃがいもだ！カレーに入ってるよね
これは？
小さい子
今日のカレー、何を入れよう
じゃ、とり肉を探して！
とり肉！
大きい子

子どもにとっては、買い物もテーマパークくらい興味津々の場所。
興味を上手に生かして会話を増やすと、大人も楽だよ！

分かれているので、「何階にはこういうお店があるよ」「○○のコーナーにはこういう食べ物が並んでいるよ」などと話すことで、子どもがものの特徴や「仲間分け」について知るいい機会になります。

子どもたちにとって、スーパーやデパートは、本来博物館やテーマパークと同じくらいワクワクする場所。興味があるからあちこち歩き回り、モノを手に取ろうとします。「必要なものを買う」だけでなく、子どもを伸ばす味方になる場所です。

「そんな余裕ない……」という声が聞こえてきそうですが、そういうときは、親の時間優先で大丈夫。大切なのはいつも「もう、本当は買い物には連れて行きたくないのよ（イライラ）」とするのではなく、休日、家族で買い物をするときは**スーパーをひと回りするのに時間をかけるなど、日によってメリハリをつけること。**休日に、家族でお買い物をするときなどにやってみてください。たくさん話せることがありますよ。

次のページから、日々のお買いものでできそうなことをご紹介します。

【売っているものを伝える】

たとえば、子どもから「荒物」や「金物」の意味を聞かれたら、なんて伝えますか？

日用雑貨は「荒物」、フライパンや包丁、鍋などを売っているのは「金物」など、店頭で実際に見ていると、なんとなく特徴がつかめますよね。

大事なのはその先。それを見せたあと、どんなふうに説明をするかが、幼児教育の難しくて楽しいところです。

どんな話をしても、それはその人にとって正しいことで、間違いではありません。なので正解はないのですが、何も説明しないと、子どもは知らないで終わってしまいます。だからこそ、大人も一緒に「自分の言葉で話すチャンス」と思って話してほしいのです。

食品売り場
生活雑貨
日用品
洗剤
スーパーって
いろいろあるな
○○な仲間に
分かれてるな
文化を知ったり、理科、社会の興味を育む
大切なベースを作る、すごーい場所です！

【食べ物の話】

突然ですが、あなたにとってごはんとは何ですか？　好きな食べものはありますか？　食材を買うとき、どこを見て選んでいますか？

その答えを、そのまま買い物でお子さんと話してみてください。

スーパーの野菜コーナーで、季節によって顔ぶれの変わる野菜を見ながら「春には菜の花やタケノコが、秋にはキノコや栗が……」などと、旬の食べ物を話しながらの買い物もいいですね。

木になるのか、土の上に育つのか下に育つのかといった育ち方の話や、焼いて○○をかけるとおいしいとか、火を通すとどんなふうになるなど、調理方法について話してあげることもできます。

一つの食材をとっても、いくつもの側面から話を広げていくことができる。テーマパークに行くよりずっと子どもの心に残る、「ウチらしい」暮

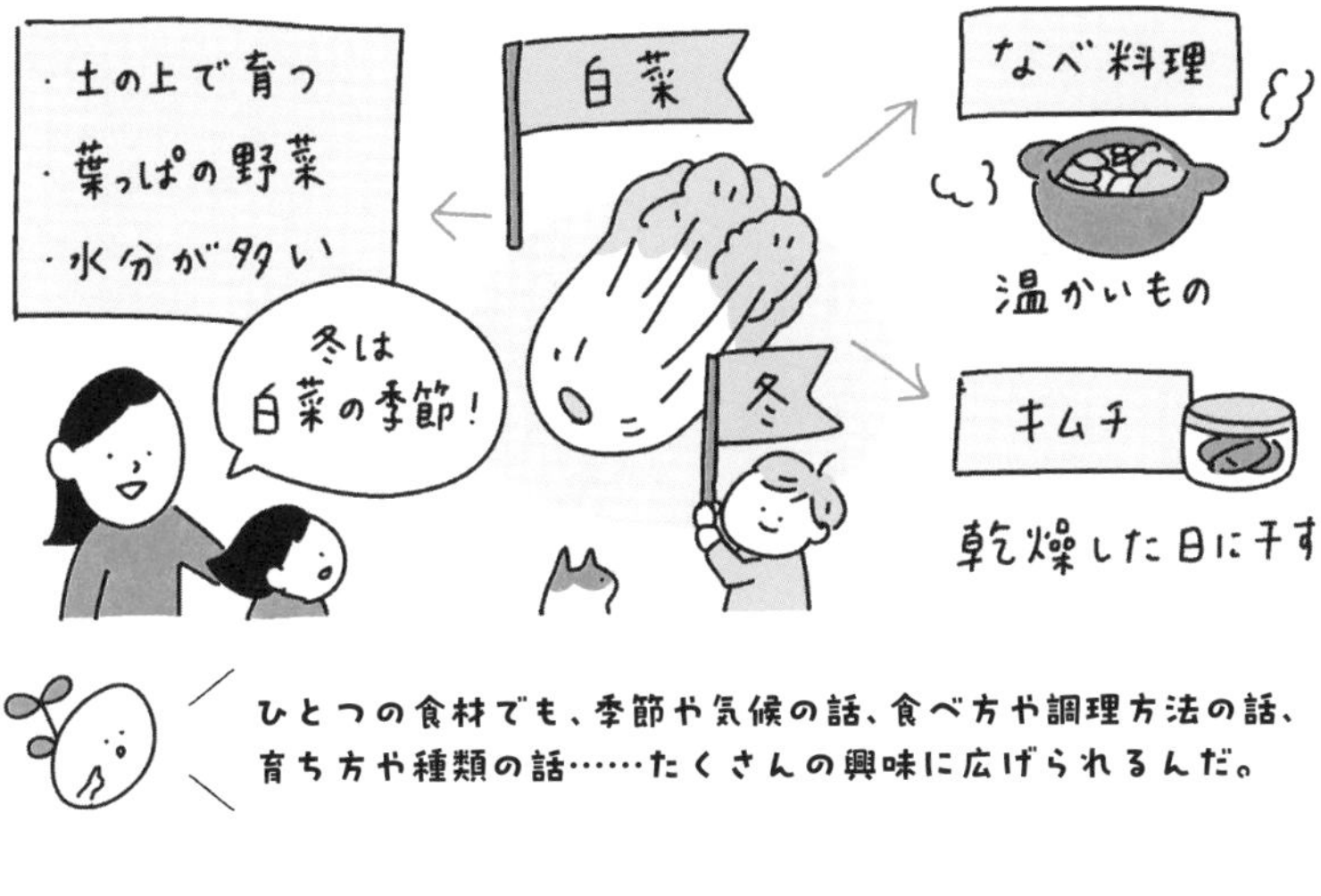
白菜
・土の上で育つ
・葉っぱの野菜
・水分が多い
冬は白菜の季節！
冬
なべ料理
温かいもの
キムチ
乾燥した日に干す
ひとつの食材でも、季節や気候の話、食べ方や調理方法の話、育ち方や種類の話……たくさんの興味に広げられるんだ。

らしの中の文化教育になります。

幼稚園に通うくらいの年齢になれば、買い物のときにお手伝いをしてもらうこともできます。たとえばお店の入口で、「玉ねぎを買うからカゴに入れてね」と任せてみたり、「今日はわが家のみんなが大好きなカレーだよ〜！ カレーに入れる野菜を探してみよう！」などと、「買うもの探し」をしてもらったりするのもいいでしょう。

第3章でもお伝えしましたが、子どもに買い物を頼むことは「覚えていること（記憶）」を思い出す練習にもなります。ちょっとしたゲーム感覚で買い物に取り入れていくと、楽しみながら、脳トレができます。

ここで気をつけたいのは、決して子どもを試そうとしないこと。

「よし、買い物でも算数のチカラを鍛えるぞ！」と親御さんに力が入りすぎてしまうと、「ちゃん

カレーって何が入ってるか知ってる〜？
おいも、にんじん…
SHOPPING
じゃ、おいもとにんじんここに入れて！
うん！
もうカレーづくりマスターだね！
へへ！

「買い物の手伝いを頼む」にはいいことがいっぱい。
覚えているか試したりしないように注意してね。

と覚えていられたか」とチェックするこわい人になってしまうので、要注意。

子どもの記憶力を試すのではなく、**「家族の一員としてちょっとした役割をあげる」くらいの気持ちでやってみる。**だって、親子なのですから。子どもが覚えていても覚えていなくても、よしとしましょう。大切なのは、親子の日常の会話を楽しむこと。

ものごとをどれだけ覚えていられるかは、子どもの成長とかかわりがあります。覚えるものの数が多いほど、そして覚えている時間が長いほど、子どもにとってのむずかしさが増します。子どもの様子を見ながら、大人が配慮してあげる。それは子どもを伸ばす親のかかわりでもあると同時に、子どもを尊重し、信頼しているかかわり方でもあります。

買い物に行くときに毎回頑張る必要もありません。忙しいときはササッと買い物をすませ、時間に余裕がある週末にやってみる。そのくらいのゆるさでやった方が結果的に長く続き、子どもの成長にも役立っていきます。

ありがちなかかわり方　大人が全部準備しちゃう

シーン 4

「旅行」でできるあそび

たとえば荷物を全部準備して、子どもはついていくだけ。
行くことが目的になると、ちょっともったいないかも。

家族でのお出かけって、楽しいですよね。

でも、行くこと自体が目的になっていたり、**何でも大人が決めて、用意してしまったりすると、子どもは「ただ連れて行かれる人」になってしまいます。**

子どもに旅行やイベントなど何かを体験させるときは、202ページでお伝えした「体験を定着させる3セット」がおすすめ。たとえば、初めてスキーに行くとき、子どもはスキーがどんなものかがわかりません。

「スキーは、冬に雪の積もった山を滑って楽しむものだよ」「冬ってどんな季節？」「雪ってどんなもの？」「スキーの板ってどんな形をしているの？」などと、まだ何も知らない子には、絵本などを使いながら**イメージを膨らませてあげましょう。**

家の壁に地図を貼っておいて、自分たちが住む街とよく行く地域にシールを貼ってみたり、テレビの天気予報などで日本地図が出てきたら「○○ちゃんの家があるのはここだよ。そして、明日みんなで行くのはここだよ」などと、位置を教えてあげる

子どもが伸びるかかわり方

旅は気候や地理を知るチャンス

行き先のこと、行き方のこと、そこにあるもの・すること。
準備しながらいろんなことが話せるし、学べるんだ！

こともできます。

そうやって「行く場所」「そこですること」「そこにあるもの」などについて話しておくことで、実際に訪れたときに「ああ、これが雪なんだな」とか「地図で離れた場所にあると、たどり着くまでにたくさんの時間がかかるんだな」などと、肌で感じられるようになります。

場所が変わると天気が変わり、温度や空気が違うと、食べ物や、言葉が違うことなどから「地理的な違いがどんなものか」なども肌で知ることができます。

そして帰ってきてから、写真を見ながら楽しかったことを話したり、食べたものを晩ごはんでも再現してみたりなど、できることはたくさん。

ムリなく楽しみながらそういう生活を続けていると、だんだんと「親がしてあげる」から「子どもと一緒に作っていく」ものになります。

やがて「ウチならでは」のものになるころには、ずいぶんしっかりした子に育っているはずです。

ありがちなかかわり方　行事をあきらめがち

シーン 5

「季節」でできるおうちあそび

ちゃんとしなきゃって思うと面倒くさいし、余裕もない。理想像を目指すと、あきらめたくなるよね。

これまで「毎年できる季節のワークがおすすめ」とお伝えしてきましたが、「『ちゃんとしたおうち感』がめんどくさい……」と思う方もいるかもしれませんね。

そういう方は、ご自身が思う「めんどくさい」の正体について、少しだけ考えてみてほしいのです。

たいていの方は「月見団子は手作りの方がいいよね。でもどうやって作るの？　めんどくさ……」とか「ススキを買いに行かなきゃ……仕事の帰り遅いし、めんどくさ……」などと、カンペキを目指してしまいがちです。

でも、ある年は上の子が小学生になったり、下の子が生まれて生活リズムが変わるなど、いろいろと状況が変わってきて計画通りにいくことなんてめったにないもの。なので「その年にできることを楽しむ」くらいの気持ちでやってみてください。

逆に、1年前はただ「おいしい！」と食べていただけの子どもが、「今年はぼくもお団子を丸めてみたいな」と自分から言ってきたり、「今日、公園からの帰り道でススキを見つけた

子どもが伸びるかかわり方

その年にできることで大丈夫

行事を「ちゃんとやる」より、大切なのは「毎年やる」こと。
忙しくてちょっとだけの年もあっていい、って思ってみてね。

よ！」と教えてくれたりすることも。できることをちょっとやってみるだけで、子どもたちがその楽しさを教えてくれます。

季節の行事のほかに、毎日の生活の中で季節を感じさせる言葉をいくつか入れてみるだけでも、子どもの世界が豊かになります。カンタンなのは、季節の食材を食卓に並べてみること。「サンマを食べると、秋って感じがするね」「今年のサンマは、脂がのっていておいしいね」など、親御さん自身の中にある気づきや思い出、ちょっとした思いを話してあげてください。

子育てにおける親の役目は、勉強やしつけをすることではありません。家族だからできること、話せること、そして作っていける「ウチらしさ」があるはずです。それを日々言葉にしていくことが、その子の知性と世界観を形作るカギ。

「あれをやらせた方がいい」「これはやってはダメらしい」など、子育て情報があふれていても、**やるべきことはシンプル。**

それには、気負わず、あせらず、何より情報に踊らされないことが大切。日々の「ウチらしさ」を、暮らしの中で子どもと一緒に楽しく見つけていってくださいね。

おわりに

最後までお読みいただき、ありがとうございます。

この本では「おうちでできるモンテッソーリ」を切り口に、「正しい育児」の答えではなく、「あなたらしい育児」をしながら、子どもを最大限に伸ばす方法をお伝えしてきました。


子育ては、「何かをさせる」と考えた方が、子どもにやってあげられることがわかりやすく、大人も安心できます。

でも実際には、それでは子どもは伸びにくいし、大きくなってから、自分にに残念さや不安を持つ子どもが育つことが多いのが事実。私は、カウンセラーとしての仕事の中で、そういうお子さんや大人の方にたくさん出会います。

そういう痛みを持つ子には育ってほしくないけれど、賢くないと（勉強ができないと）困るのではないか、という気持ちも拭えないというのが、子どもを持つ親の本音だと思います。

「いい子に育つ」「才能を伸ばす」「勉強がスイスイできるようになる」どうしたらそうなるのかは、誰かの「こうしたらいいよ」という体験談が約束してくれるものではありません。また、たくさんの情報を集めることで見えてくるものでもありません。

情報は、少なくていいのです。むしろ、目の前にいる子どもと一緒に歩むことが、その答えを教えてくれます。

この本の中に「日常の生活の中で、『体験』と『体感』を」といった言葉が何度も出てきたと思います。書きながら、まどろっこしくて飽きるのでは？という思いと、「でも、それしかない」との思いを行ったり来たりしながら書きました。

子どもの知育は、表面的には「～できる」という結果でしか見ることができません。

でも、「できる」の背景にあることや、考えていることはみんな違います。そして将来、「自分で考えて、未来を切り開く力」をつけるには、「できる」の後ろにある違いに注目していくのがいちばんなのです。

これで2冊目となる今回の本は、1冊目より少しむずかしく見えるかもしれません。できそうなことを、ちょっとやってみる。それだけでその「違い」が少しづつおわかりいただけることを願っています。

菅原陵子　すがわら・りょうこ

モンテッソーリ・ホームレッスン 代表
モンテッソーリ教師、カウンセラーで2児の母。出版社の編集者として子育てをする中で、モンテッソーリ教育を学ぶ。家での実践は先生との学びとは異なることから、ロジックと対話、心を扱う「子育て心理学」を組み合わせた「親が365日おうちで使える」モンテッソーリを伝えている。
キャリア、子育て、自分の生き方などの転換期となる子育て世代に対し、不安からではなく、「本当の自分」で自分らしい子育てができるようになる講座やワークは常時満席。そのわかりやすさと変化の大きさには定評があり、モンテッソーリの先生や、多くの経営者が通う。お受験サポートでは100%の合格実績。夢は、子育てをきっかけに親子で自分らしく生きる世界をつくること。著書に『世界一やさしい おうちゆるモンテッソーリ』（実務教育出版）がある。

● モンテッソーリ・ホームレッスン（公式サイト）
https://home-monte.com/

● おうち【ゆるモンテ】育児サロン
https://home-monte.com/yuru-monte-salon

● 公式メールマガジン
https://home-monte.com/merumaga-t/

● モンテッソーリ・米粉クラブ（親子のための料理教室）
https://monte-komeko-club.com

4・5・6歳 小学校の勉強がスイスイできる子になる
おうちゆるモンテッソーリのあそびと言葉がけ

2024年7月5日　初版第1刷発行

著　者　菅原陵子
発行者　淺井亨
発行所　株式会社実務教育出版
〒163-8671 東京都新宿区新宿1-1-12
電話 03-3355-1812（編集）　03-3355-1951（販売）
振替 00160-0-78270

編　集　小谷俊介
編集協力　石渡真由美
ブックデザイン　吉田考宏、八田さつき
イラスト　梶谷牧子
DTP　春日井恵実
校正　鴎来堂
印刷・製本　図書印刷

ISBN978-4-7889-0938-0　C0037